DAS PFERD IM MILITÄRWESEN

KARLHEINZ GLESS

Das Pferd im Militärwesen

BILDPRÄSENTATION
KLAUS DORST
UND ERIKA RATHMANN

MILITÄRVERLAG
DER DEUTSCHEN DEMOKRATISCHEN
REPUBLIK

Vorderseite des Einbandes
Attackierende Jäger zu Pferde des vom Patrioten Adolf Freiherr von Lützow
im Februar 1813 aufgestellten und nach ihm benannten Freikorps
Nach einem Gemälde von R. Knötel
Museum für Deutsche Geschichte zu Berlin

Rückseite des Einbandes
Corporal-major der Royal Horse Guards um 1900 (England)
Nach einem Gemälde von Harry Payne

Vorsatz
Zwei Dragoner-Kompanien im gegenseitigen Fußgefecht
1 Pikeniere mit Fahne   2 Musketiere   3 Musketiere   4 Handgemenge
Nach Wallhausen, Art militaire à cheval, 1621

Nachsatz
Eskadron zu 10 Gliedern (en file et en ligne)
1 Kürassierkompanie zu 10 Gliedern   2 Rittmeister   3 dessen Handpferde   4 Trompeter
5 Leutnant   6 Standartenträger   7 die Kompanie auf dem Marsch zu Fünfen mit Bagage   8 Offiziere
9 Gepäckwagen der Offiziere   10 Troß- und Wechselpferde   11 Arrieregarde
Nach Wallhausen, Art militaire à cheval, 1621

Gegenüber dem Titel
Römische Reiter auf dem Marsch im ersten Dakerkrieg Kaiser Trajans (101–102).
Im Hintergrund römisches Lager mit Wachtposten
Aus dem Reliefband der Trajanssäule in Rom um 113

ISBN 3-327-00694-6

INHALT

Die Vignette zeigt einen Lanzenreiter
zu Anfang des 17. Jh.

Die Veränderung des Exterieurs des Pferdes nach Verwendungszweck
Urwildpferd; griechisches Kavalleriepferd; Ritterpferd; neuzeitliches Kavalleriepferd. Zeichnung von H. Jürgens

EINLEITUNG

Geschichte des Pferdes, auch die seiner Verwendung im Militärwesen, ist vor allem die Geschichte der Steppenvölker und ihrer Nachbarn.

Die Domestizierung des Pferdes und sein Gebrauch in der Wirtschaft und zum Kampf beeinflußte die Lebensweise dieser Völker von Grund auf, machte sie militärisch zu kühnen Streitwagenfahrern, Pferdebognern und Lanzenreitern, die Riesenreiche schufen, aber ebenso zerstörten.

Diese Ereignisse umfassen die letzten vier Jahrtausende, den größten Teil der bewußt erlebten Menschheitsgeschichte. Sie vollzogen sich auf den gewaltigen Flächen der eurasischen Landmasse, also der damals bewohn- und erkennbaren Welt fast in ihrer ganzen Ausdehnung: vom Atlantik bis zum Stillen Ozean, vom Persischen Golf und dem Indus bis an die Taiga. Das aber machte es notwendig, innerhalb dieser Veröffentlichung konsequent abzugrenzen, mancherlei vereinfacht darzustellen und Wesentliches vom weniger Bedeutungsvollen zu trennen.

Die Geschehnisse ließen sich nicht nach der Anzahl der verwendeten Pferde auswählen Dann hätte der zweite Weltkrieg den breitesten Raum einnehmen müssen, weil in den Heeren der unmittelbar am Kriegsgeschehen beteiligten Staaten etwa 7 Millionen Pferde eingesetzt waren. In bedeutenden Kriegen des Altertums und des Mittelalters jedoch entschied man mit einem Bruchteil dieser Anzahl Schlachten und damit das Schicksal von Völkern oder Staaten. Pferde stellten damals zeitweilig den wirksamsten und entscheidenden Waffenträger der Heere, im zweiten Weltkrieg dagegen leisteten sie Hilfsdienste. Wie alle historischen Vorgänge, so folgen auch die hier geschilderten objektiven Entwicklungsgesetzen, die ihren Ursprung in der Art und Weise der menschlichen Produktion haben.

Geschichte der Steppenvölker – das sind Eroberungszüge und Völkerwanderungen. Wie aber konnte es geschehen, daß dreitausend Jahre lang stets aufs neue Völkerstämme aus dem Steppenland hervorbrachen und fremde Gebiete überwanderten?

Der Historiker Burchard Brentjes schreibt in seinem Buch «Die orientalische Welt»: «Man hat dafür Klimaschwankungen verantwortlich gemacht, und sie scheinen in der Tat auch mitgewirkt zu haben. Aber sie waren sicherlich nicht der alleinige Grund. In erster Linie waren es wohl gesellschaftliche Ursachen, die jeweils in bestimmten Abständen die Machtverhältnisse

Die Vignette zeigt einen Harquebusierer
zu Anfang des 17. Jh.

7

zwischen den alten Staaten und ihren Randgebieten ausglichen. Immer wieder kamen ehemals urgemeinschaftliche Stämme auf den Stand der ‹militärischen Demokratie›, in dem sie das gesamte Volk als Militärmacht organisierten. Ihnen standen Staaten gegenüber, in denen die Klassenkämpfe im Gegensatz dazu in bestimmten Abständen zur Zerrüttung der Staatsmacht führten. Fielen beide Perioden zusammen, konnte es zu weitreichenden Völkerverschiebungen kommen. Auch Sieg oder Niederlage einer jungen Militärdemokratie an einer Grenzzone der staatlichen Welt hatten Rückwirkungen auf den ganzen eurasischen Landkomplex, die oft Jahrhunderte nachklangen ...

Noch wenig untersucht sind die Ursachen, die die Steppenzone zwischen Wolga und Ordos befähigte, zwischen 1200 v. u. Z. und 1300 u. Z. fast alle 200 Jahre eine Völkerwelle zu entlassen, ohne selbst eine hohe Kultur zu entwickeln. *Wahrscheinlich liegt die Ursache im Übergang zum Hirtennomadismus auf der Grundlage der Pferdezucht.* (Vom Verfasser hervorgehoben.)

Die vorhergehenden Perioden mit einem ärmlichen Ackerbau und der Jagd boten keine Voraussetzungen für Bevölkerungszusammenballungen. Hingegen erlaubte die Viehzucht der (nomadisierenden d. V.) Hirten die extensive Nutzung der riesigen Steppen, die den Bauern verschlossen waren. Mobile Bevölkerungsscharen sammelten sich und fanden nur in den Weidegründen und Wasserstellen ihre Begrenzung. War die Bevölkerungszahl erreicht oder überschritten, die ernährt werden konnte, mußte das Volk abwandern und die Steppe weitgehend räumen ...

Verstanden nun energische Militärführer, die Labilität der Verhältnisse durch eine straffe Militärverfassung zu zügeln und den Nomadenscharen ein einheitliches Ziel zu setzen, so war ihrer Macht ... kaum ein Staat gewachsen ... Die Hauptkraft der Nomaden war jedoch ihre noch weitgehend urgemeinschaftliche Struktur, die selbst in ihren großen Reichsbildungen erhalten blieb ... Sie erlaubte jeden Waffenfähigen einzusetzen ... Hinzu kam ihre Überlegenheit in der mobilen Kavallerie, der die Ansässigen selten etwas Gleichwertiges entgegensetzen konnten.»

Diese Ausführungen bedürfen bloß geringer Ergänzung. Der Pferdenomadismus ist nicht nur wahrscheinlich die Ursache der Kraft- und Machtzusammenballungen im Steppenland, er ist die Ursache. Er ist es aber nur in Verbindung mit der frühzeitlichen Metallgewinnung und -verarbeitung in den Randzonen der Steppe, denn beides förderte sich gegenseitig.

Bedeutende Bergbau- und Handwerkerzentren befanden sich zu dieser Zeit im Altai, in den Gebirgen, die das Ferganatal umschließen, im Kaukasus und im Fernen Osten in Nordchina.

Nun zu den Pferden. Man verwendete sie im Militärwesen zum Reiten, zum Ziehen und zum Tragen. Bis ins Hochmittelalter handelte es sich hauptsächlich um ziemlich einheitliche Pferdetypen, die in ihrem Exterieur den östlichen Steppenpferden ähnelten und die in der Mehrzahl eine Größe von etwa 120–130 cm Widerristhöhe/Stockmaß hatten. Sind im Text «große» Pferde genannt, so handelt es sich meistens um solche bis zu 140 cm Widerristhöhe. Beide bezeichnen wir heute als Ponys oder Kleinpferde. Wohl gab es im Altertum, vor allem in Vorderasien, auch schon Pferde von 150 cm Größe. Jedoch waren das nur wenige, und sie befanden sich im Besitz der Könige oder gleichrangiger Herrscher. Vom Frühmittelalter ab wurden im Karolinger- und Frankenreich auch schon Pferde stärkeren Kalibers gezüchtet, wie sie beispielsweise Ritter als Streitroß benutzten.

Um so erstaunlicher sind deshalb die Leistungen, die von den Menschen im Verlaufe der Jahrtausende mit den kleinen Pferden vollbracht wurden.

Der Verfasser

STREITWAGEN UND PFERDEBOGNER

Als die letzte Eiszeit zu Ende ging, hatten sich auf den gewaltigen Landflächen zwischen dem Atlantik und dem Stillen Ozean Veränderungen vollzogen, die eine vielfältige Entwicklung von Pflanzen und Tieren ermöglichten. Gleichzeitig verbesserten sich auch die Existenzbedingungen der in diesen Gebieten lebenden Menschen.

Südlich des breiten, durch ganz Eurasien reichenden Waldgürtels, der Taiga, erstreckt sich eine Steppenzone, die gute Weidemöglichkeiten bot. Wildtiere wie Pferd, Rind, Antilope, Schaf und Ziege fanden reichlich Nahrung. Die Ergiebigkeit der Steppengebiete war nicht überall gleich gut. Die fruchtbarsten lagen nördlich des Schwarzen Meeres, üppigen Graswuchs gab es auch zwischen dem Ural, dem Kaspischen Meer und dem Aralsee. Weiter nach Osten verschlechterte sich die Qualität und die Ergiebigkeit des Graslandes, um schließlich gebietsweise in Wüsten überzugehen.

Je weiter man von Westen nach Osten vordringt, um so extremer sind auch die klimatischen Bedingungen. Eisige Kälte im Winter, im Frühling heftige Regenfälle und Gewitter, Hitze und Dürre im Sommer sind kennzeichnend für das Klima in den kontinentalen Gebieten.

Das gewaltige Steppenareal, in der Literatur oft als Kernland, Herzland bezeichnet, wollen wir im folgenden das Steppenland nennen.

Die Menschen, die als Jäger, Fischer und Sammler im 6. und 5. Jt. v. u. Z. in die Steppen vordrangen, lernten im Verlaufe der nächsten zwei Jahrtausende den Acker in primitiver Form zu bebauen und auch Wildtiere zu fangen und in Herden zu halten.

Die Wildpferdherden im Steppenland bestanden zu dieser Zeit nicht mehr aus dem Urwildpferd, sondern kamen in mehreren Unterarten von diesem vor.

In den Gebieten vom Ural bis China sowie in begrenzten Landstrichen westlich des Urals in Richtung Skandinavien trat vor allem das östliche Steppenwildpferd oder Przewalskipferd (Equus przewalskii przewalskii) auf. Aber auch in Südwesteuropa existierte es während der ausklingenden Eiszeitperiode. Das Przewalskipferd war je nach Standort zwischen 124 und 147 cm Widerristhöhe/Stockmaß groß (E. Mohr). Sein Kopf war massig, der Hals dick, der Rücken hoch und gerade, der Rumpf breit und tief, und hartes Hufhorn ermöglichte ihm, auch in felsigen Regionen zu leben. Noch in unserem Jahrhundert wiesen in

Die Vignette zeigt einen kämpfenden skythischen Reiter. Figurengruppe des goldenen Kamms aus dem Kurgan von Solocha
Zeichnung von H. Jürgens

9

Freiheit lebende Wildpferde eine an die Umwelt angepaßte Schutzfarbe auf. Die der Steppe waren hellfalb-graugelb, die in den Mittelgebirgen gelbrötlich und die auf den Ebenen der Hochgebirge lebenden Tiere von dunklem gelblichem Rotbraun. – Von dieser Unterart wurden im Verlaufe der Jahrtausende die größten Mengen domestiziert.

Südlich und südwestlich des Urals weidete das südrussische Steppenwildpferd oder der Steppentarpan (Equus przewalskii gmelini). Sein Fell war im Sommer meist mausgrau, im Winter aber sehr aufgehellt. Im Vergleich zu seinen östlichen Verwandten war es feinknochiger und etwas größer. Es wurde hauptsächlich in seinem Ursprungsgebiet domestiziert.

Als eine weitere Wildpferdart existierte der Waldtarpan (Equus przewalskii sylvaticus) in den Wäldern Ost- und Mitteleuropas. Dieses Pferd ähnelte dem Steppentarpan, war aber kleiner und zierlicher als seine Verwandten (um 120 cm). Der Waldtarpan wurde noch bis ins 17. Jh. in den baltischen Gebieten gejagt und ist wahrscheinlich auch zur Züchtung des Konikpferdes genutzt worden.

Im 3. Jt. v. u. Z. hatten die im Steppenland lebenden Menschen die ursprünglichen Formen des Zusammenlebens wie Lager und Sippe kaum überschritten, in den Gebieten zwischen der Ägäis und dem Persischen Golf aber gab es bereits hochentwickelte Ackerbauer- und Viehzüchterkulturen, die sich in festen Staatsgebilden organisierten. Die Domestizierung der Wildtiere hatte dort zum Mehrprodukt mit all seinen Folgen geführt. «An die Stelle weniger Tiere», schreibt B. Brentjes, «die als ‹Fleischreserve› dienten, wenn die Jagd zu wenig einbrachte, waren Millionen Haustiere getreten. Diese Entwicklung führte schließlich innerhalb von wenigen Jahrtausenden im Verein mit anderen wesentlichen Veränderungen in der Art und Weise der Erzeugung materieller Güter zur Zerstörung der Urgemeinschaft. Aus dem Besitz der Gemeinschaft wurde das Eigentum einer herrschenden Klasse. Die Basis der Klassengesellschaft entstand. Aus kleinen Anfängen erwuchs Gewaltiges.»

Zwischen den hochentwickelten Kulturvölkern im Vorderen Orient und den Menschen im Steppenland bestanden vor allem in den Randzonen Kontakte, die auch in den Steppen Antrieb zur Domestizierung von Schaf, Ziege, Rind und Pferd gaben.

Die wirtschaftlichen Erfordernisse (Transportbedürfnisse) in Mesopotamien regten zu einer frühen Nutzung der Haustiere für Zug- und Tragdienste an. Der Rinderanspannung im Doppeljoch folgten Halbesel-, später auch Pferde- und Maultiernutzung. Das älteste erhaltene Reiterbild stammt aus Susa um 2800 v. u. Z. Es zeigt den Reiter auf einem Equiden, der nicht genau bestimmt werden kann, wahrscheinlich aber ein Halbesel ist, denn Wildpferde gab es dort nicht. Man ritt bevorzugt auf Rindern, vor allem, um die Tiere bequem lenken zu können.

Um das 3. Jt. v. u. Z. gelang eine weittragende Erfindung: Von der Zugschleppe abgeleitet, baute man in Sumer/Akkad erstmals einen Wagen mit Achse und Scheibenrädern. Er wurde über Mittelasien bis China bekannt. Es bedurfte aber noch eines vollen Jahrtausends, bis dieses Gefährt dann in Form des einachsigen Streitwagens mit Pferdebespannung die wirksamste Waffe seiner Zeit wurde.

Im nordasiatischen Steppenland vollzog sich eine andere Entwicklung. Hund und Rentier kamen hier als erste in die Haustier- bzw. Herdenhaltung, und auch sie waren für Transportdienste sehr geeignet. Das Ren zog in einer Schleife, und von einem kleinen Sattel aus lenkte es der Reiter mit dem Stock. Das Hauptzentrum dieser Wirtschaftsform lag an den Nordwesthängen des Altai und in seinem Steppenvorland. Nach dem Vorbild der Rentiernutzung wurden aus den hier zahlreich vorhandenen Wildpferd-

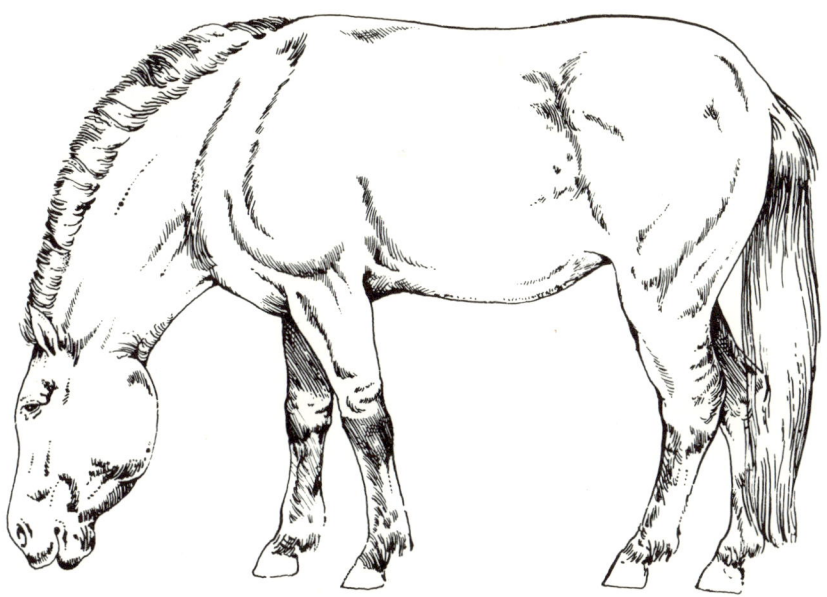

herden Pferde gefangen, gezähmt und genutzt. Die dichte Besiedlung dieses Raumes, Viehwirtschaft, Metallgewinnung und -verarbeitung führten zu einem umfangreichen Warenaustausch und damit zu steigenden Transportbedürfnissen. Diese bewältigte, wie die zunehmende Erfahrung im Umgang mit Tieren bestätigte, das Pferd besser als das Ren, zumal die Transportstrecken nach Süden weit über den natürlichen Lebensraum des Rens hinausreichten.

Aus den Schleifenstangen entstand der einachsige Karren, später der zweiachsige Wagen mit Speichenrädern. Fast zeitlich parallel dazu, etwa ab Mitte des 2. Jt. v. u. Z., gab es auch den Pferdereiter.

Auf dem Rücken des Pferdes konnte der Hirte die Steppe überschauen, Entfernungen schrumpften zusammen, und es wurde leicht, die beim Weiden dahinziehende Herde zusammenzuhalten. Große Strecken konnte man jetzt schneller überwinden, neue Weideplätze auskundschaften und einen ständigen Kontakt zu anderen Sippen aufrechterhalten.

Pferde ermöglichen ausgedehnte Raubzüge, es erwächst jedoch auch die Notwendigkeit, sich gegen beutegierige Feinde zu schützen. Militärische Führungsfunktionen entstehen, und Besitzdifferenzierung führt auch hier zum Privateigentum an Vieh und Gerätschaften. Gemeinschaften organisieren sich. Die kleinste gesellschaftliche Einheit ist die Familie, mehrere Familien bilden ein Lager, mehrere Lager die Sippe, mehrere Sippen den Stamm, mehrere Stämme den Stammesverband und solche schließlich das Volk. Die Menschen verbindet Herkunft und Sprache, doch bald integriert man auch Fremde wie Kriegsgefangene und Sklaven. In den zentralasiatischen Steppen leben sie unter schweren Daseinsbedingungen. Hitze, Wassermangel, verheerende Stürme, klirrende Fröste sind oft unerträglich, doch prägen sie einen besonders zähen und kühnen, d. h. aber auch kriegerischen und zu natürlicher Disziplin neigenden Menschenschlag, denn nur ein solcher konnte überleben. Ihre ständige Sorge ist, bessere Weidegebiete zu finden, die meist nur im Kampf gegen andere Sippen oder Stämme in

Urwildpferd oder Przewalskipferd
Zeichnung von H. Jürgens

Besitz genommen werden können. Der Krieg wird ständiger Bestandteil des Steppenlebens.

Die Umstellung von der Hirtenarbeit auf Raub und Kampf geschah in denkbar einfachster Weise. Die Männer vertauschten die Treiberstöcke gegen Waffen (oft mag auch dieser Stock die einzige Waffe gewesen sein), trieben sich je nach Dauer des beabsichtigten Kriegszuges mehrere Pferde zusammen und überließen Weiden, Herden und Äcker der Obhut der Frauen und Greise.

Das Ziel des frühen Steppenkrieges zu Pferde ist uns in einem der ältesten und bekanntesten asiatischen Reiterspiele überliefert: Der Raub eines Ziegen- oder Schafbockes.

Je nach Landessprache wird das Spiel anders genannt, sehr bekannt ist es aus dem Afghanischen als Buskatschi. Es kann eine beliebige Anzahl Reiter teilnehmen, jeder kämpft für sich allein. Chancen auf Sieg hat der tollkühnste Mitspieler, der seine Gegner überlisten kann, der über reiterliche Erfahrungen verfügt und Kraft und Ausdauer besitzt. Je nach Bedeutung des Spieles und der Teilnehmerzahl wird ein Areal von 15, 20, häufig auch 30 Kilometer Breite mit Stangen markiert. In den Mittelpunkt wird in einem kleinen Kreis in ein Loch ein getöteter Ziegen- oder Schafbock, der häufig noch mit nassem Sand gefüllt ist, gelegt. Ertönt das Startzeichen, so versucht jeder Reiter, in den Kreis zu gelangen, den Kadaver zu fassen und mit ihm davonzugaloppieren. Die anderen setzen nun alles daran, ihm den Bock zu entreißen. So entsteht ein oft Stunden dauernder, harter, packender Kampf. Sieger ist, wer den Bock oder die bescheidenen Reste davon in den Kreis zurückwirft, nachdem er die beiden äußersten Markierungspunkte umritten hat. So wie jede sportliche Wettkampfdisziplin ihre Wurzeln in bestimmten sozialökonomischen Verhältnissen hat, so spiegelt das Buskatschi die früher im Steppenland herrschenden wider. Der Mensch konnte sich aber das Pferd nur ganz allmählich dienstbar machen. Und es bedurfte noch vieler Erfindungen im Verlaufe der Jahrhunderte, um es dann vollends beherrschen und nutzen zu können.

Die Hirten hatten zunächst gelernt, auf dem Pferd zu sitzen, auch in schnelleren Gangarten auf dessen Bewegungen einzugehen und es nach ihrem Willen zu dirigieren. Das erste Hilfsmittel war der Stock. Dann verwendete man zum Lenken einen Halsstrick, an dem sich der Reiter notfalls auch festhalten konnte. Der erste Zaum war ein Lederband, es wurde dem Pferd durchs Maul hinter den Schneidezähnen über die Zunge um den Unterkiefer geschlungen und in der Kinngrube verknotet. Von dort führte ein Riemen zum Reiter, mit dem er lenken oder das Pferd vom Boden aus führen konnte. Diese Art der Zäumung gebrauchten noch in unserem Jahrhundert Völker, die auf einer sehr niedrigen Entwicklungsstufe standen.

Die Bewaffnung der berittenen Hirten im Steppenland war vorerst noch so unzureichend, daß sie größere militärische Operationen gegen Völker der Ackerbauerregionen nicht unternehmen konnten. Die Leistungsfähigkeit der Pferde war zeitweilig auch nur gering. Sie mußten sich sommers und winters von dem ernähren, was in der Steppe wuchs, das waren Gräser, Kräuter und Büsche, jahreszeitlich bedingt mit einem sehr unterschiedlichen Futterwert. Deshalb besaß jeder Hirte mehrere Pferde, die er abwechselnd ritt, und je größer die Anzahl war, über die beispielsweise die Sippe oder das Lager verfügte, um so weiträumiger war ihr Aktionsraum.

Allmählich übte man aber auch in größeren Verbänden und veranstaltete zu diesem Zwecke alljährlich im Herbst große Jagden. Alle kampffähigen männlichen Angehörigen eines Stammes mußten als Reiter daran teilnehmen. Sie jagten Wildrinder, Antilopen und Wildpferde. Das brachte den notwendigen Fleischvorrat für den Winter, war aber gleichzeitig ein militärisches Manöver zur Schulung der Krieger.

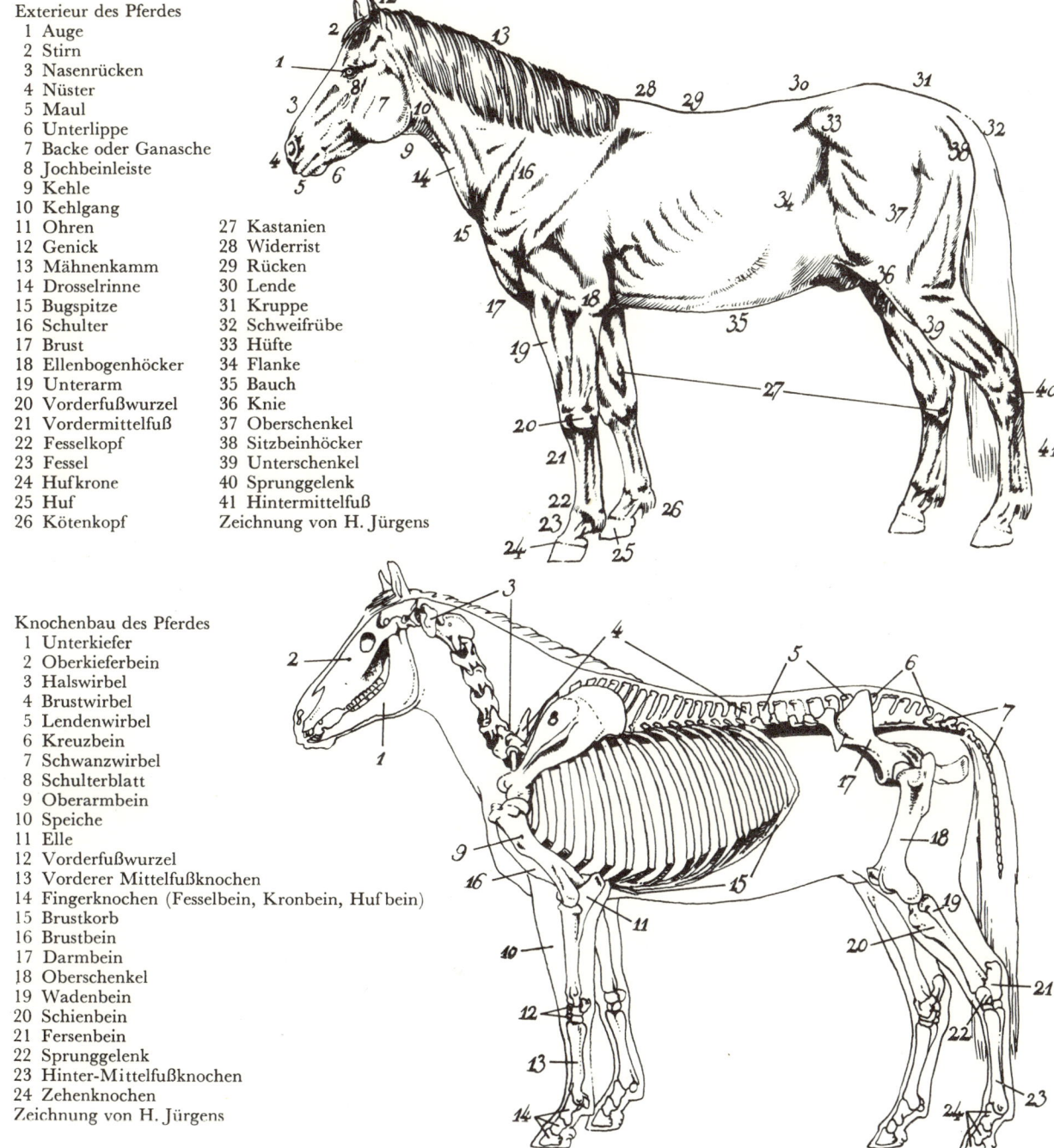

Exterier des Pferdes
1 Auge
2 Stirn
3 Nasenrücken
4 Nüster
5 Maul
6 Unterlippe
7 Backe oder Ganasche
8 Jochbeinleiste
9 Kehle
10 Kehlgang
11 Ohren
12 Genick
13 Mähnenkamm
14 Drosselrinne
15 Bugspitze
16 Schulter
17 Brust
18 Ellenbogenhöcker
19 Unterarm
20 Vorderfußwurzel
21 Vordermittelfuß
22 Fesselkopf
23 Fessel
24 Hufkrone
25 Huf
26 Kötenkopf
27 Kastanien
28 Widerrist
29 Rücken
30 Lende
31 Kruppe
32 Schweifrübe
33 Hüfte
34 Flanke
35 Bauch
36 Knie
37 Oberschenkel
38 Sitzbeinhöcker
39 Unterschenkel
40 Sprunggelenk
41 Hintermittelfuß
Zeichnung von H. Jürgens

Knochenbau des Pferdes
1 Unterkiefer
2 Oberkieferbein
3 Halswirbel
4 Brustwirbel
5 Lendenwirbel
6 Kreuzbein
7 Schwanzwirbel
8 Schulterblatt
9 Oberarmbein
10 Speiche
11 Elle
12 Vorderfußwurzel
13 Vorderer Mittelfußknochen
14 Fingerknochen (Fesselbein, Kronbein, Hufbein)
15 Brustkorb
16 Brustbein
17 Darmbein
18 Oberschenkel
19 Wadenbein
20 Schienbein
21 Fersenbein
22 Sprunggelenk
23 Hinter-Mittelfußknochen
24 Zehenknochen
Zeichnung von H. Jürgens

13

Schritt　　　　　Trab　　　　　Galopp

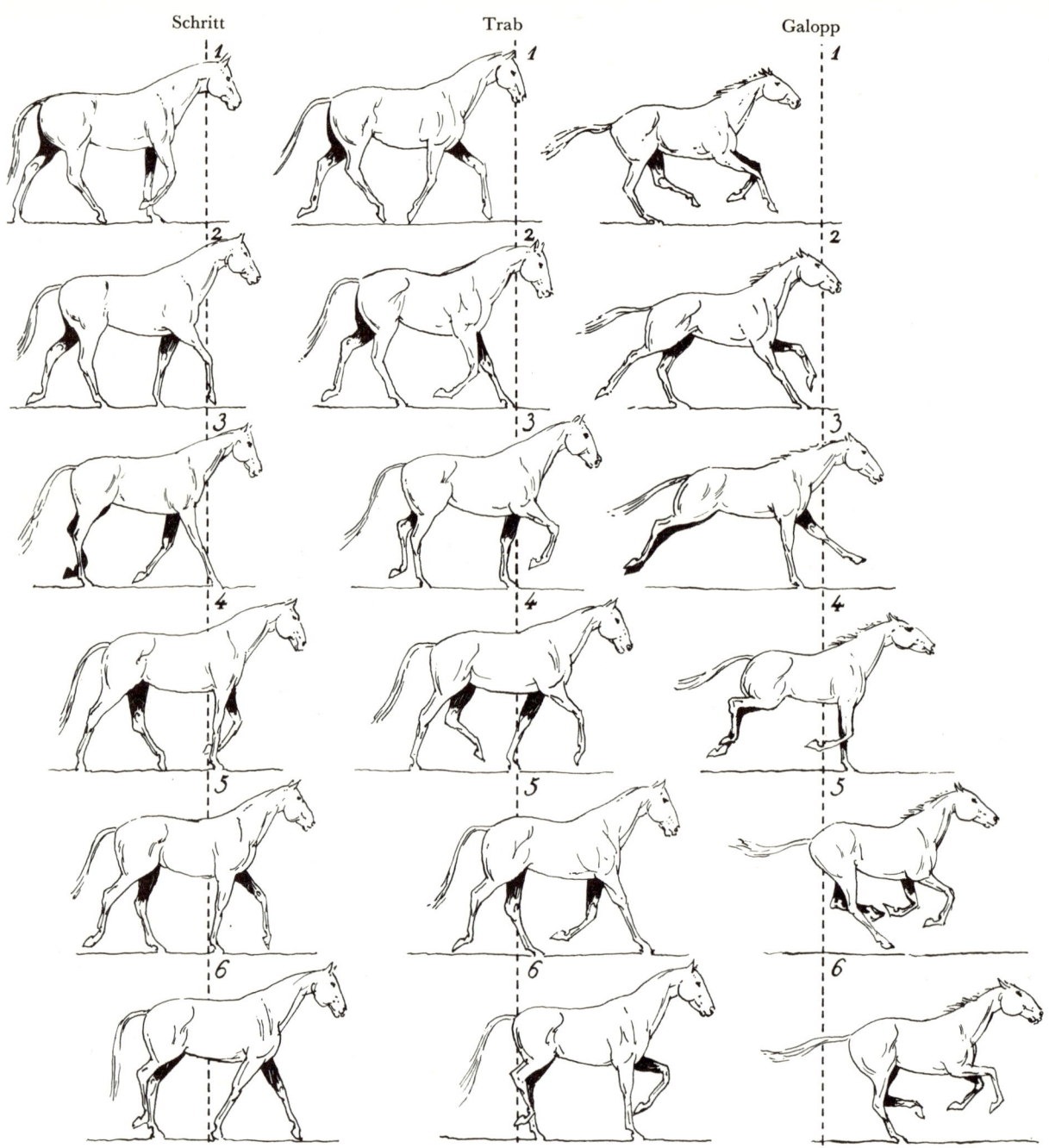

Gangarten
Zeichnung von H. Jürgens

14

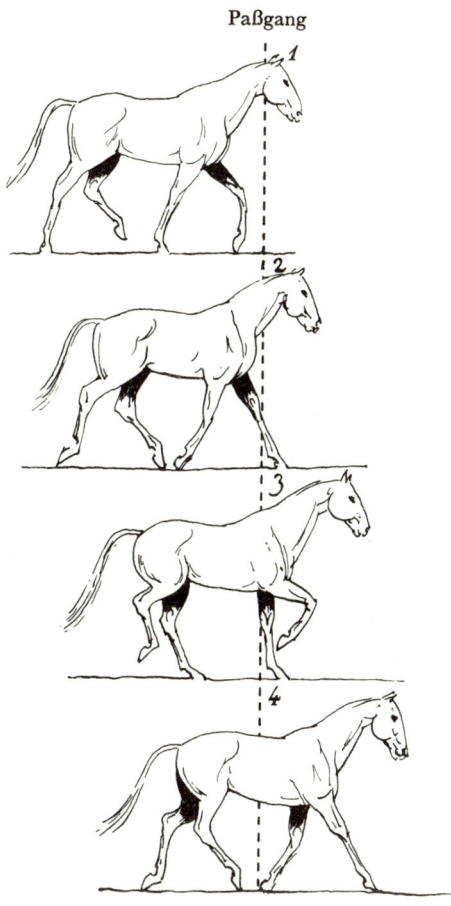

Paßgang

Die umwälzende Folge des Pferdereitens aber war der allmähliche Übergang vom primitiven Ackerbau und der Wanderweide zum Pferdenomadismus im Steppenland.

Doch schon Jahrhunderte früher beeinflußten die Völker der Randzonen das Geschehen. Sie waren bereits im frühen 2. Jt. v. u. Z. Vermittler des Warenaustausches zwischen den Zivilisationsgebieten Mesopotamiens und dem Steppenland und zogen daraus erheblichen Nutzen. Ihnen war die schnelle Transportkraft des Nordens, das Pferd, vertraut geworden, ihnen standen aber auch die handwerklichen Fertigkeiten des Südens

zur Verfügung wie beispielsweise die Holz- und Metallverarbeitung.

Solche Vermittler waren die Völker des frühen Armeniens, die zwischen dem Vansee, dem Urmiasee und dem Fluß Aras ansässig waren. Ihre Bedürfnisse gaben den Anstoß zur Erfindung des Speichenrades und der Radnabe, die sich auf der feststehenden Achse dreht. Beides waren die notwendigen Elemente zum Bau des leichten einachsigen Streitwagens, der wirksamsten Waffe während der folgenden eintausend Jahre.

Dieser Streitwagen war sehr beweglich, mit ihm konnte man auf der Stelle wenden, Hindernissen ausweichen und den Gegner blitzschnell angreifen. Denn das Fahrzeug benötigte gegenüber dem zweiachsigen Scheibenräderwagen nur geringe Zugkraft, anstelle des Rindes konnte man die flinkeren, wendigeren Pferde verwenden. Außerdem läßt sich der Wagenkörper so über der Achse ausbalancieren, daß für die Zugtiere keine Druckbelastung entsteht. Das gestattete auch, schnellstens Fußsoldaten bis vor die gegnerische Formation zu transportieren. Die Anzahl der zur Bespannung verwendeten Pferde war im Verlaufe der Zeit und je nach dem Status des Streitwagenlenkers oder Eigentümers nicht einheitlich. Üblich war meist ein Zweiergespann, Aristokraten fuhren auch vierspännig. Der Streitwagen gewährleistete seinen Besitzern für lange Zeit die militärische Überlegenheit im Vorderen Orient.

Eine andere bedeutende Erfindung vervollkommnete die Verwendung des Streitwagens als Waffe: Bisher hatte der Krieger zu Fuß die Pfeile mit einem mannshohen Bogen abgeschossen, der aus einem einzigen schlanken Holztrieb gefertigt war. Diesen Bogen konnte der Streitwagenschütze kaum verwenden. Doch Handwerkern gelang es, aus elastischen Holzteilen, Horn, Leim und Sehnen den wesentlich kleineren Hornbogen herzustellen. Seine Federkraft war so groß, daß man Menschen auf eine Entfernung von 200 Metern noch mit dem Pfeil durchbohren konnte. Geringe Abmessung und hohe Schußkraft machten ihn für die Streitwagenbesatzung zur idealen Waffe.

Man benötigte aber auch eine wirksame Lenkung, um die temperamentvollen, vom Kampfgetöse verängstigten Pferde vor dem leichten Gefährt unter Kontrolle zu behalten. Dieses Mittel war die Bronzetrense. Sie wurde von Transkaukasien bald auch nach Europa und bis in die Fernen Osten verbreitet. Manche Formen waren für die Tiere regelrechte Marterwerkzeuge. Sie weisen auf die Probleme hin, die man damals bei der Beherrschung der dem Wildstand noch sehr nahestehenden Pferde hatte.

Pferdelenker und Bogenschütze bildeten die Streitwagenbesatzung. Im Kampf fuhren sie auf die Formationen des Gegners zu, schwenkten in der Entfernung des wirksamen Bogenschusses ab und schossen ihre Pfeile in die dichtgedrängten Haufen des gegnerischen Fußvolkes. Die dort aufgestellten Bogenschützen konnten den schnell dahingaloppierenden Streitwagen kaum gefährlich werden, denn diese boten ein nur schwer zu treffendes Ziel, außerdem behinderten sich in solchen Situationen Bogenschützen, Schwert- und Speerkämpfer des Fußvolkes gegenseitig. Mit Streitwagen konnte man den Gegner auch überraschend in der Flanke oder im Rücken angreifen, dann hatte der Pfeilhagel eine noch verheerendere Wirkung.

Die Siedlungen in den südlichen und westlichen Flußtal- und Küstengebieten mit ihren für die nördlichen Nachbarn in Altarmenien schier unermeßlichen Reichtümern verlockten diese zu großen Eroberungszügen und zu Landnahmen. Die große Streitwageninvasion der Steppenrandvölker, die Jahrhunderte andauerte, begann. Die Angegriffenen konnten den Streitwagen vorerst nur Fußvolk entgegenstellen, doch unterlag es den Wagenkämpfern fast immer, die als Variante für den Nahkampf einen Teil der Wagen auch noch mit Speerwerfern ausgerüstet hatten.

Bei manchen Völkern (zeitweilig bei den Hethitern) hatte der dritte Mann der Streitwagenbesatzung die beiden anderen mit dem Schild zu schützen.

Völkerstämme, die von den Ägyptern als Hykso bezeichnet wurden, drangen im 17. Jh. v. u. Z. mit ihren Streitwagen bis zum Nil vor, andere zogen in die Gebiete des oberen Indus. Die Hethiter nahmen Land im nordöstlichen Kleinasien in Besitz, und das Volk der Mitanni eroberte sich Gebiete am Oberlauf des Euphrat.

Aber: «Typisch ist der machtlabile Charakter der Zeit, der sich kausal vorerst mit den Prozessen stammlicher Verschiebungen, Zusammenschlüssen und Staatsbildungen, dann aber mit den territorialen Schwankungen im Herrschaftsbesitz der alten und neuen Reiche verbindet, und ist andererseits der Komplex von Gegenmaßnahmen hierzu, welcher Außenpolitik und Aufrüstung umfaßt und sich bedeutsam eng auch mit der Zucht des Pferdes verknüpft.»

Von den Hethitern sind uns die ersten schriftlichen Instruktionen zur Zucht, Ausbildung und Betreuung der Kriegspferde überliefert, sie entstanden im 15. und 14. Jh. v. u. Z. und können als ein militärisches Handbuch gewertet werden. So besteht im Text eine genaue Vorschrift, wie die aus fremden Tieflandgebieten eingeführten Streitwagenpferde durch richtige Fütterung und Haltung (Schwitz- und Abmagerungskuren) im Verlaufe von 170 Tagen auf ihren Verwendungszweck im Hochland vorbereitet werden. Dann gibt es Anweisungen, wie Pferde einzufahren sind und wie sie auf die Bewältigung großer Strecken im Tag- und Nachteinsatz vorbereitet werden, oder solche, wie das Training nach der Winterruhe durchzuführen ist (Kriegszüge fanden hier nur in der warmen Jahreszeit statt).

Anfangs gab es nur wenige Streitwagen, und ihr Erscheinen hat vor allem psychologisch auf den Gegner gewirkt. Dann aber nahm ihre Anzahl schnell zu, und 1000 Mann zu Fuß und

Das Pferd Assurbanipals. Assyrischer Streitwagen. Alabasterreliefs aus Ninive, um 650 v. u. Z.
Staatliche Museen zu Berlin

Fragment des Grabmals eines Reiters, um 650 v. u. Z.
Staatliche Museen zu Berlin

18

Schwarzfigurige Halsamphora mit Reitern, um 550 v. u. Z.
Staatliche Museen zu Berlin

19

Römische Reiter (l.) verfolgen im zweiten Dakerkrieg Kaiser Trajans (105) fliehende dakische Reiter (r.)
Aus dem Reliefband der Trajanssäule in Rom um 113

20/21

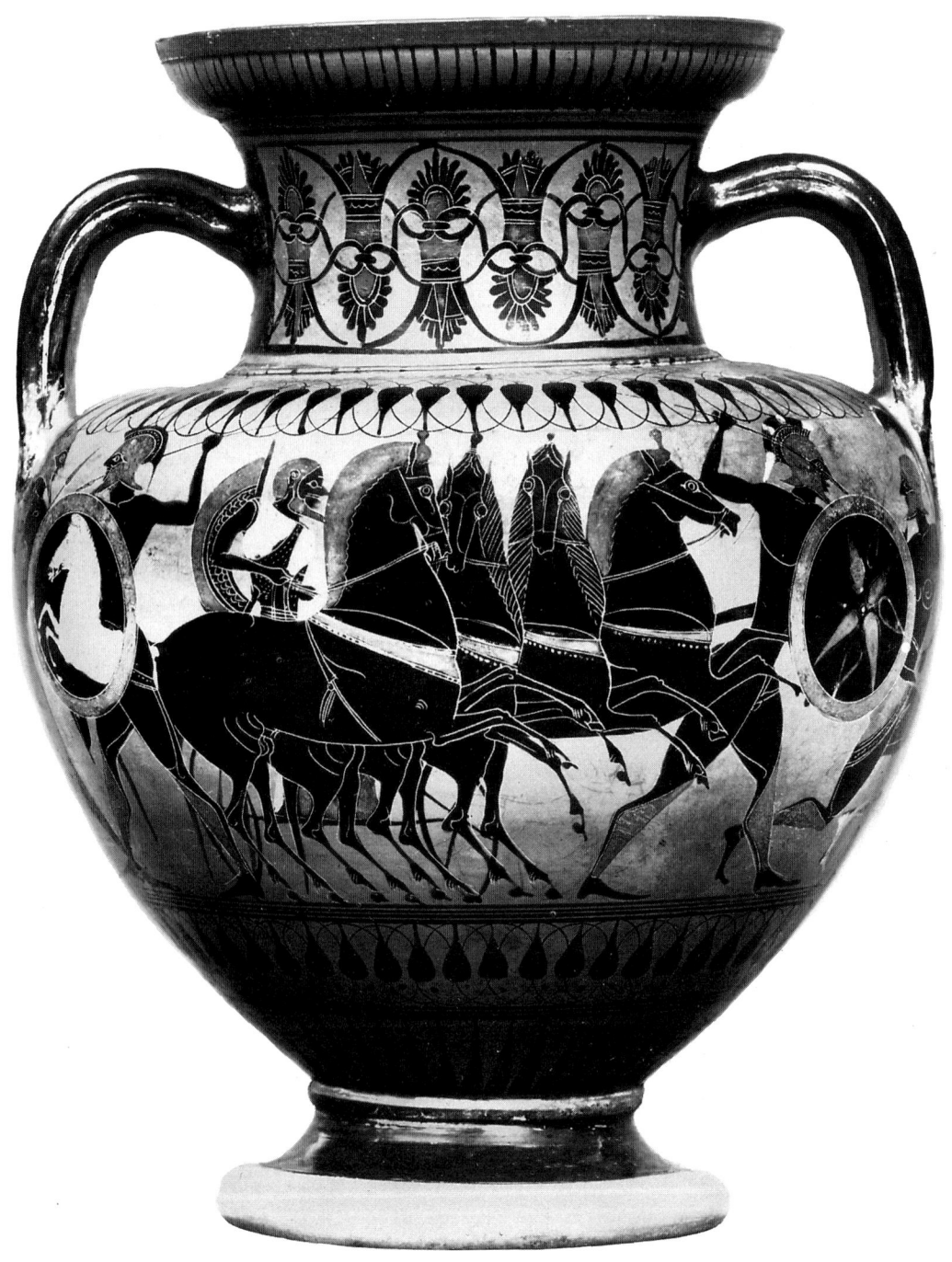

Schwarzfigurige Amphora mit Viergespann, um 550–325 v. u. Z.
Staatliche Museen zu Berlin

22

Weihrelief mit Viergespann, Ausgang 4. Jh. v. u. Z.
Staatliche Museen zu Berlin

23

Streitwagen und Fußvolk des ägyptischen Heeres auf dem Marsch
Aus einem Relief des Tempels Ramses' II. (1290–1224 v. u. Z.) in Abydos

24

100 gezäumte Rosse (also ein Streitwagen auf 20 Fußsoldaten) oder in einem anderen Falle 9000 Mann zu Fuß und 700 Streitwagen (d. h. ein Streitwagen auf 13 Fußsoldaten) bildeten die günstige Zusammensetzung der Heere.

Die Streitwagenlenker werden zu Berufskriegern, die als Adelsstand viele Privilegien genießen. Mit ihm bilden sich Merkmale heraus, die der späteren feudalen Ordnung ähneln, wie dem Lehnswesen gleichende Erscheinungen, und im Verlaufe dieser Entwicklung wandeln sich die frühen Priesterstaaten des 3. Jt. v. u. Z. in militärmonarchistische Staatengebilde um, die im 2. und frühen 1. Jt. v. u. Z. für den Staatstypus im Vorderen Orient kennzeichnend werden.

Herstellung und Gebrauch des Streitwagens verbreiteten sich im Verlaufe von Jahrhunderten nach Norden und Osten, und er wurde in Skandinavien und auch in China bekannt.

Die in Kleinasien, Mesopotamien und am Indus eingedrungenen Völker waren der dort ansässigen Bevölkerung zunächst militärisch durch die Streitwagenwaffe überlegen, doch standen die Einheimischen auf einer wesentlich höheren Zivilisationsstufe. Und obwohl während der Kämpfe und durch Plünderungen viele Kulturgüter vernichtet wurden, gelang es der ansässigen Bevölkerung in manchen Fällen, die Eindringlinge zu assimilieren und allmählich wieder wirtschaftlich und militärisch die Oberhand zu gewinnen. Manche Eroberer jedoch konnten sich die Fertigkeiten der Einheimischen schnell aneignen. Sie verschmolzen mit diesen, wurden für ständig seßhaft und schufen Großreiche.

Doch auf militärischem Gebiet hatten vor allem die Besiegten gelernt. Dort, wo sie sich weiter eigenständig entwickeln konnten, beherrschten auch sie bald die Streitwagentaktik. Vor allem die Ägypter lernten schnell diese neue Waffe zu gebrauchen, und etwa 100 Jahre nach Vertreibung der Hyksos gelang es dem Pharao Thutmosis III. im Jahre 1480 v. u. Z., die sich gegen Ägypten wendenden Völker Syriens und Palästinas in der Schlacht bei Megiddo mit seinen Streitwagengeschwadern vernichtend zu schlagen.

Der Pharao ließ seine Erfolge in die Wände des Tempels von Karnak einmeißeln. Unter der reichen Beute befanden sich 924 Streitwagen, 2041 Stuten, 6 Hengste und 191 Fohlen.

Während dieser fast ein Jahrtausend andauernden Vorgänge zwischen Indus und Nil vollzog sich im Steppenland die bedeutende Entwicklung zum Pferdenomadismus. Mittels Wagen konnte das Hirtenvolk alle Habe an einen günstigen Platz in den grenzenlosen Steppen transportieren und die Herden von Reitern auf ergiebige Weiden treiben lassen. Anstelle des bisher in der Viehhaltung vorherrschenden Rindes bildeten nun Schafe und Pferde gewaltige Herden, sie machten die Nomaden reich, führten zu einem hohen Mehrprodukt und auch oft zu einem schnellen Heranwachsen von einem kleinen Stamm zu einem großen Volk.

Die Adelsschicht herrschte über die einfachen Hirten und hielt auch Sklaven. Kenntnisse von der Pferdehaltung häuften sich an, und Grundlagen für die gezielte Pferdezucht entstanden. Erste bedeutende Pferdezuchten begannen sich zwischen dem Steppenhochland des oberen Amudarja und dem Ferganatal sowie im Altai herauszubilden.

Als Völker der Pferdenomaden formieren sich zunächst indoeuropäische wie Skythen und Sarmaten, dann Turkvölker, und ihnen folgen Mongolen.

Ab dem 1. Jt. v. u. Z. bis ins Mittelalter beeinflussen oder bestimmen sie zeitweilig die historische Entwicklung nicht nur im eurasischen Steppenland, sondern auch die Mittel-, West- und Südeuropas, Nordafrikas und die des Vorderen Orients bis weit nach Indien hinein.

Die Kriegszüge oder Landnahmen der Nomadenvölker sind nicht nur eine militärische Opera-

Sumerischer Streitwagen
Zeichnung von H. Jürgens

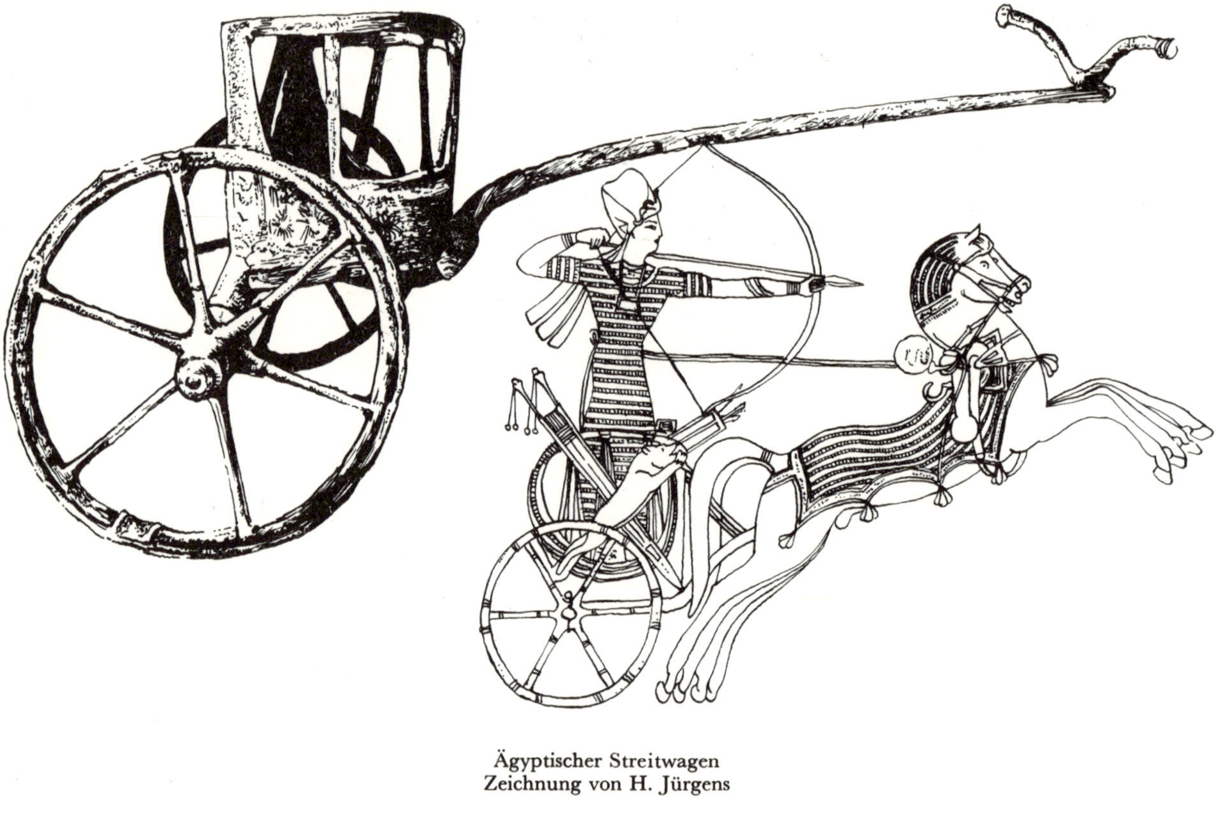

Ägyptischer Streitwagen
Zeichnung von H. Jürgens

tion, sie stellen vielmehr die territoriale Verlagerung des gesamten Wirtschafts- und Gesellschaftsgefüges der Stämme oder Völker dar, die sich oft über Jahrhunderte erstreckte.

Die Steppenleute vervollkommneten bereits im frühen 1. Jt. v. u. Z. die Ausrüstung zum Reiten. Anstelle des Lederriemens benutzten sie Horn- und Bronzetrensen, später dann die feinere Trense aus Eisen und Stahl, die noch besser den reiterlichen Belangen entsprach. Auch Reitsättel wurden in unterschiedlicher Form gebaut. Streitwagen waren ihnen ebenfalls bekannt, doch brachte deren Besitz den Nomadenkriegern mehr Nach- als Vorteile, da den Wagenpark Schmiede, Stellmacher, Sattler betreuen mußten und die als Ersatz benötigten Hölzer und Metalle in der Steppe rar waren. Alles das konnte leicht zu einer Abhängigkeit von den zivilisierten Randstaaten führen. Auch die Berufskriegerkaste der Streitwagenlenker stand im Widerspruch zur Lebensauffassung der Nomaden.

Deshalb vollzog man einen sehr logischen Schritt: Der Bogenschütze, der aktivste Kämpfer, wurde aus dem Streitwagen auf das Reitpferd gesetzt, der reitende Bogenschütze, oft Pferdebogner genannt, war erfunden. Und er war noch schneller, noch wendiger, noch unberechenbarer als die Streitwagenbesatzung. Mit ihm entstand eine neue Kampftaktik, die dem Pferdebogner für lange Zeit die Überlegenheit über Fußtruppen und Streitwagengeschwader sicherte. Die große Feldschlacht vermied man, verwickelte vielmehr den Gegner in zahlreiche kleine Gefechte, schwächte ihn durch plötzliche Überfälle auf dem Marsch mit einem Pfeilhagel, kreiste kleine Truppenverbände ein und rieb sie durch ständigen Pfeilbeschuß aus sicherer Entfernung auf. Bei Wohnsiedlungen tauchten die Steppenreiter unvermutet auf, um sie zu überfallen und zu plündern.

Die Reiter brauchten und schufen auch eine zweckmäßigere Bekleidung, als es der bisher üb-

Assyrischer Streitwagen
Zeichnung von H. Jürgens

liche lange Rock und Sandalen waren, Pferdenomaden erfanden Hosen und Stiefel.

Den ersten großen Erfolg errang die neue
Waffengattung, als sie von den Skythen (alt-
persisch Saken) gegen die Truppen der Assyrer
im 7. Jh. v. u. Z. eingesetzt wurde. Die Assyrer
beherrschten zu dieser Zeit ein Riesenreich
vom Mittelmeer bis nach Persien mit der Hauptstadt Ninive. Sie unterhielten eine der größten
regulären Streitmächte des Altertums, die hauptsächlich aus Infanterie (zum Teil als Bogenschützen bewaffnet) und aus Pionieren bestand.
Die Soldaten waren in Garnisonen untergebracht. Ein gut ausgebautes Straßennetz verband Garnisonen und Städte im ganzen Reich,
so daß man größere Truppeneinheiten nach
Notwendigkeit schnell verlegen konnte. Innere
Widersprüche, wie Auflehnung der Vasallen gegen den grausamen Despotismus der assyrischen

Könige, und wiederholte Einfälle der Grenz-
völker hatten im 7. Jh. v. u. Z. den assyrischen
Staat geschwächt. Ab dem 8. Jh. v. u. Z. zogen
Stämme der Skythen aus den Gebieten östlich
des Kaspischen Meeres bis in die fruchtbaren
Steppen nördlich des Schwarzen Meeres, über-
siedelten oder vertrieben die hier ansässigen
Kimmerer und entwickelten sich zu einem
mächtigen Volk. Die Schwächen ihrer assyrischen Nachbarn ausnutzend, fielen sie, mit ihren
Pferdebognern über den Kaukasus ziehend, in
das Assyrerreich ein. Die sich ihnen entgegen-
stellenden Fußtruppen waren den Steppenreitern
nicht gewachsen. Schließlich verbündeten sich
Vasallen der Assyrer wie Meder und Babylonier
mit den Skythen, und ihre vereinigten Truppen
stürmten als letzte assyrische Bastion 612 v. u. Z.
die Hauptstadt Ninive, raubten sie aus und
machten sie fast völlig dem Erdboden gleich.

Griechischer Streitwagen
Zeichnung von H. Jürgens

In den ehemaligen Grenzen des assyrischen Reiches entstand im Verlaufe weniger Jahrzehnte das persische, und seine Könige beherrschten bald das Land vom Nil bis an den Syrdarja. Ihre wirtschaftlichen Konkurrenten waren die griechischen Stadtstaaten, als permanente militärische Bedrohung fürchteten sie jedoch die Skythen am meisten.

Knapp hundert Jahre nach dem Sieg der Skythen über die Assyrer zog der Perserkönig Dareios mit einer starken Leibwache (10000 Fußsoldaten, 1000 Reitern und 1000 Hellebardieren) mit Harem, sichelbewehrten Streitwagen und zahlreicher Infanterie über den Bosporus nordöstlich die Küsten des Schwarzen Meeres entlang. Die Perser wollten die Skythen in ihren Siedlungs- und Weidegebieten schlagen und unterwerfen und so die eigene Nordgrenze sichern. Sie fanden jedoch nur verlassene Wohnstätten und vernichtete Vorräte, zur offenen Feldschlacht stellten sich die Skythen nicht. Je weiter die Perser aber nach Osten vordrangen, um so häufiger wurden sie überraschend von skythischen Pferdebognern überfallen. Diese beobachteten unablässig den viele Kilometer langen Zug von Truppen und Troß des Gegners und griffen ihn an jeder sich bietenden schwachen Stelle an. Ihr Pfeilhagel schwächte die Perser zunehmend, ohne daß diese einen Gegenstoß unternehmen konnten. Schließlich war die Kampfmoral der Perser so zermürbt, und die Verluste waren so groß, daß sie sich im Jahre 512 v. u. Z. über den Bosporus zurückzogen und nie wieder gegen die Skythen marschierten.

Die erfolgreiche Taktik der skythischen Pferdebogner, das «Scharmützeln», blieb als eine der Hauptaufgaben der Reiterei durch die Jahrtausende bis in unsere Zeit erhalten.

Römischer Triumphwagen
Zeichnung von H. Jürgens

29

Während der Perserkriege zeigte sich, daß der Streitwagen als Waffe überholt war, so daß er hier letztmalig in größeren Geschwadern auftrat. Er konnte weder gegen die Pferdebogner der Steppe noch gegen die in fester Ordnung kämpfenden Fußsoldaten Griechenlands mit Erfolg eingesetzt werden. Außerdem war die Aktionsfähigkeit der Wagen im gebirgigen oder steinigen Gelände äußerst begrenzt, und geeignete Kampfplätze konnten den Gegnern infolge der Verschiedenheit der von jedem bevorzugten Waffengattung nicht aufgezwungen werden.

Bei den olympischen Spielen des Altertums jedoch blieben Streitwagenrennen eine beliebte, vor allem aber exklusive Sportart der begüterten Klassen, ein Statussymbol reicher römischer Sklavenhalter, bis in die ersten Jahrhunderte unserer Zeit.

Die Skythen konnten sich nach den für sie so erfolgreichen Auseinandersetzungen mit den Persern nicht mehr lange als Volk behaupten. Im Areal zwischen dem Nordufer des Kaspischen Meeres, dem Südural und dem Balchaschsee hatten sich die Sarmaten zu einem großen Nomadenvolk formiert. Sie unterschieden sich von ihren westlichen Verwandten, den Skythen, vor allem durch die Kampftüchtigkeit ihrer Frauen. Die sarmatischen Frauen und Mädchen kleideten sich wie Männer, ritten von klein an auf Pferden, waren wie die Männer bewaffnet und nahmen an allen Kampfhandlungen teil (Amazonen). Eine Legende berichtet, daß Mädchen erst heiraten durften, wenn sie im Kampf einen Feind getötet hatten.

Die Amazonen neben dem männlichen Krieger und die neugeschaffene Art der Reiterei machten die Sarmaten den Skythen überlegen, die sie in einigen Kämpfen besiegten, zum größten Teil aber durch eine Jahrhunderte während Überwanderung in ihren eigenen Stämmen absorbierten. Den Sarmaten war es gelungen, größere und kräftigere Pferde zu züchten, als es die bis

dahin hauptsächlich verbreiteten Steppenponys waren. Sie kreuzten die bodenständigen Wildpferde ihrer Heimat (Steppentarpane) mit Pferden aus den Hochzuchtgebieten im Altai und dem Ferganatal. Dieses verbesserte Steppenpferd konnte mehr Masse tragen und wurde von einem mit einer schweren Lanze bewaffneten und vom Harnisch oder Kettenhemd geschützten Krieger geritten. Die Sarmaten gelten als die Schöpfer der schweren Reiterei. – Schwere Panzerreiter hatte es früher auch schon im persischen Heer gegeben, doch waren das Einzelkämpfer, ähnlich dem Ritter des Mittelalters. –

Die schwere Kavallerie der Sarmaten kämpfte als geschlossene Formation; sie hatte den Nahkampf zu führen, wenn die Pferdebogner den Gegner mit Pfeilschüssen zermürbt hatten. Die Stütze zur Aufrechterhaltung seines Gleichgewichtes bekam der Reiter durch hohe Sattelzwieseln, Steigbügel gab es noch nicht.

Trensen und Kandaren
(nach der gleichnamigen Dissertation
von Martin Schiller, Berlin 1957)

1   Bronzeknebeltrense aus Tell Amarna, um 1200 v. u. Z.
2   und 3 Assyrische Zäumung, 800–500 v. u. Z.
4   Bronzetrense aus Ronzano, 900–700 v. u. Z.
5   Eiserne Ringtrense aus Hradisch, 400–300 v. u. Z.
5a Pferdezäumung bei den frühen Nomaden im 1. Jt. v. u. Z.
6   Eiserne Ringtrense mit Griffen zum Führen des Pferdes aus La Tène, 200–100 v. u. Z.
7   Eiserne Scheibenknebeltrense mit ungebrochenem (Frankreich 400–300 v. u. Z.) und gebrochenem (Gergovic 1. Jh.) Mundstück
8   Bronzene römische Hebelstangentrense aus Pompeji, 100 v. u. Z. – 300 u. Z.
8a Eiserne Hebelstangentrense aus Tannenberg, um 1300
9   Eiserne Hebelstangentrense aus Frankreich, 1460 (die Spitzen an den Hebeln sollten einen Gegner zu Fuß am Ergreifen der Stange hindern)
10 Eiserne Kandare, 1721
11 Pignatelle (Kandare mit Zungenfreiheit)
12 Gebrochene Ringtrense (zu 14)
13 Kandarengebißstück (zu 15)
14 Reittrense
15 Kandarenzaum

Zeichnung von H. Jürgens

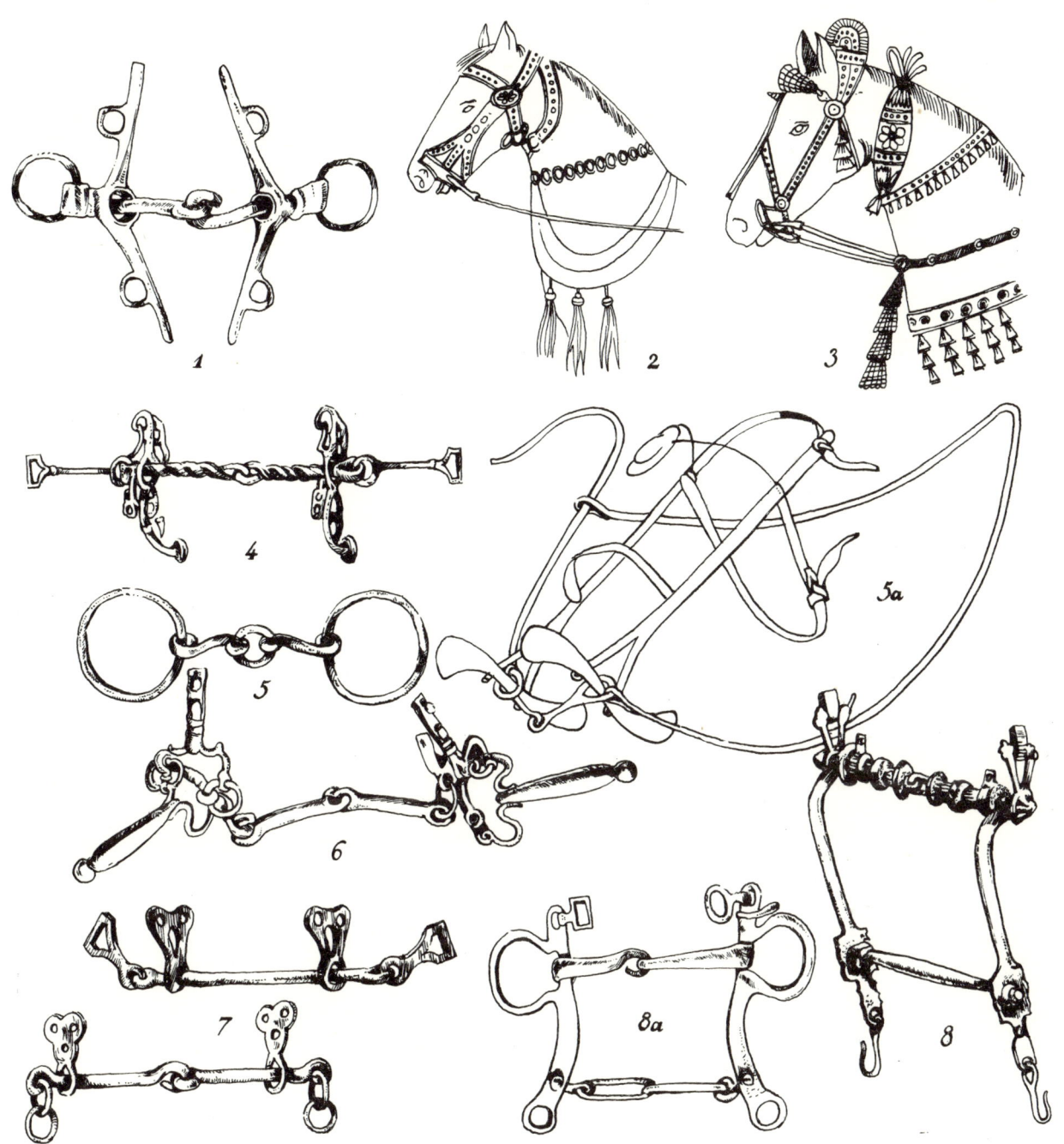

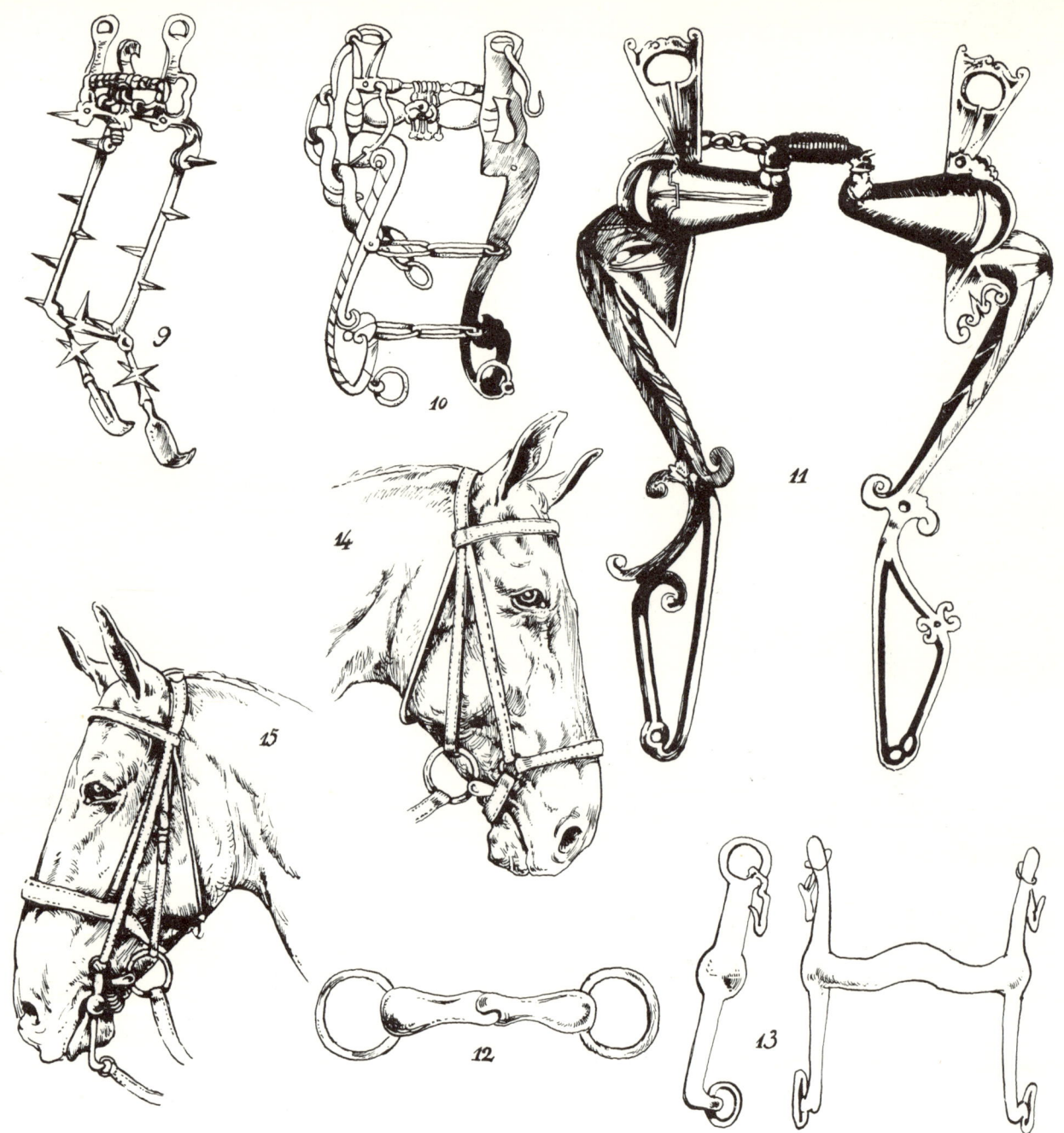

9

10

11

14

15

12

13

Nach dem Vorbild der Sarmaten geschaffene Kavallerie benutzten auch die Parther erfolgreich im Kampf gegen die in Parthien eindringenden römischen Legionen. Die Parther waren aus einem Stammeszweig der Skythen hervorgegangen und hatten sich südlich des Kaspischen Meeres ein Großreich geschaffen.

Auch gotische Völker übernahmen von den Sarmaten die Zucht größerer Pferde und führten den schweren Lanzenreiter in ihre Heere ein.

Über die Mannschaftsstärken in den frühen Reiterarmeen der Pferdenomaden im westlichen Teil Eurasiens wissen wir nichts. Erhalten blieben jedoch Aufzeichnungen altchinesischer Geschichtsschreiber über Reitervölker Ostasiens. Da sich die Pferdenomaden während eines bestimmten Zeitabschnittes in sehr ähnlicher Weise formierten und auch die im Westen auftauchenden ihren frühen Ursprung in der west- oder zentralasiatischen Steppen hatten, sind Rückschlüsse möglich.

So beherrschte ein Nomadenvolk während der Jahrhunderte vor und nach der Zeitenwende die Steppengebiete der heutigen mittleren Mongolei. Die Chinesen nannten sie Hiung-nu, d. h. nördliche Pferdebarbaren. Wahrscheinlich waren es hunnische Volksstämme. Während kriegerischer Auseinandersetzungen mit den chinesischen Feudalstaaten verloren die Hiung-nu um das Jahr 110 v. u. Z. etwa 90 000 Pferdebogner, die Chinesen verloren 20 000 Mann und 100 000 Pferde.

Im Jahre 105 v. u. Z. vernichteten die Hiung-nu mit etwa 60 000 Bogenschützen ein kleines chinesisches Expeditionskorps in Stärke von 5 000 Mann, von denen lediglich 400 Mann entkommen konnten.

Im Jahre 311 fiel ein Hiung-nu-Herrscher mit 50 000 Bogenschützen in Loyang ein, plünderte es und erhob Anspruch auf den chinesischen Thron. – Die Zahlenangaben scheinen sehr hochgegriffen zu sein, und sicherlich haben die Geschichtsschreiber zur Verherrlichung der eigenen Machthaber übertrieben. Ein Viertel oder weniger wäre wahrscheinlich real, stellt aber trotzdem für die damalige Zeit eine beachtliche militärische Macht dar.

VON XENOPHON BIS MOHAMMED

Als im Steppenland das Pferdenomadentum zum beherrschenden Wirtschaftszweig wurde, vollzogen sich in den Küstengebieten des östlichen Mittelmeers wirtschaftliche und gesellschaftliche Entwicklungen anderer Art. Das milde, ausgeglichene Klima begünstigte den Pflanzenanbau, natürliche Häfen förderten die Seefahrt, Erz-, Ton- und Holzvorkommen boten dem Handwerk eine gute Basis.

Die historischen Arbeitsteilungen, Mehrprodukt, private Aneignung, Bildung einer privilegierten Oberschicht und Sklavenhaltung kennzeichnen auch hier den gesellschaftlichen Fortschritt.

Bei griechischen Volksstämmen vollzog sich etwa ab dem 8. Jh. v. u. Z. diese Entwicklung, die bald zur Bildung der ersten Stadtstaaten führte. Zu deren ältesten gehören Athen und Sparta. Vom 6. Jh. v. u. Z. ab gründeten Griechen Handelsniederlassungen entlang der nördlichen Mittelmeerküste bis Spanien, ebensolche an den nördlichen Küsten des Schwarzen Meeres und errichteten Siedlungen an der kleinasiatischen Küste der Ägäis.

Handelsgüter waren Sklaven, Getreide, Wein, Olivenöl und keramische Produkte. Die Massensklaverei bildete mehr und mehr die Grundlage der Wirtschaft. Sklaven konnte man durch Handel beschaffen, in der Mehrzahl mußte man sie jedoch in früher Zeit durch Kriege erbeuten. Geldgeschäfte und Zinswucher der Reichen machten auch viele der armen griechischen Ackerbauern zu Sklaven. Das führte zur Machtkonzentration, schwächte aber auch den Staat in seiner Wehrkraft.

Durch die Reform des Solon (594 v. u. Z.) wurden deshalb im attischen Staat die Schuldverträge aufgelöst. Gleichzeitig teilte Solon die freien Bürger nach dem jährlichen Ertrag ihres Grundbesitzes in vier Klassen ein. Der 1. Klasse gehörten die reichsten Aristokraten an, ihnen standen alle wichtigen Ämter zu, der 4. aber die am wenigsten Begüterten, sie hatten nur das Recht, in der Volksversammlung abzustimmen. Auf der Grundlage dieser Einteilung schuf und unterhielt man die militärische Streitmacht. Die Angehörigen der 1. und der 2. Klasse mußten die mit großen Ausgaben verbundenen Kriegsdienste leisten. Sie hatten die Kriegsschiffe bauen zu lassen und die Reiterei zu stellen. Aus der 3. Klasse wurde das schwerbewaffnete Fußvolk, aus der 4. Klasse das leichtbewaffnete Fußvolk

Die Vignette zeigt eine Reitergruppe nach Darstellungen der Reiterei auf dem Parthenonfries
Zeichnung von H. Jürgens

rekrutiert. Die griechischen Heere bestanden meistens zu 90 Prozent aus Fußvolk und zu 10 Prozent aus Reiterei.

Das Fußvolk (Infanterie) wurde zum erstenmal in der Geschichte in einer geschlossenen Formation mit systematischer Staffelung, der Phalanx, aufgestellt und geschult.

Die ersten Reihen der Phalanx bildete das schwere Fußvolk. Es war mit Helm, Küraß, Beinschienen und einem ledernen Schild geschützt und mit Speer und Schwert bewaffnet. Die hinteren Reihen bildete das leichte Fußvolk ohne Schutzausrüstung. Es hatte im Kampf über die eigenen vorderen Reihen hinweg Steine und Wurfspeere auf den Gegner zu schleudern, vor allem aber, wenn notwendig, die vorderen Reihen voranzudrängen. Die anfangs in ihrer Beweglichkeit recht schwerfällige Phalanx reformierte man im Verlaufe der Zeit mehrfach und stellte außerdem statt freier Bürger teilweise auch Söldner und Sklaven in ihren Linien auf. Auch spezielle Trupps leichter Infanterie sollen bestanden haben, die als Bogenschützen und Speerwerfer den Kampf vor der Phalanx zu eröffnen hatten.

Die Griechen verfügten als Seefahrer über starke Kriegsflotten, doch notwendig war als Waffengattung auch die Reiterei. Denn die östlichen Nachbarn waren berittene Nomadenvölker, und die weiträumigen Gebiete Vorderasiens ließen sich zu Pferde am besten erkunden. In Athen bildeten deshalb 1000 Bürger ein reguläres Reiterkorps, in Sparta gab es etwa 600 Reiter und außerdem 300 berittene Fußkämpfer, die während der Schlacht den König zu schützen hatten. Griechen begründeten das taktische Zusammenwirken von Infanterie und Reiterei. Während die Infanterie in der Phalanx marschierte und kämpfte, hatte die Reiterei Kundschafterdienste zu leisten, Streifzüge zu unternehmen, die Kolonnen der feindlichen Infanterie zu beunruhigen und vor allem den Troß des Feindes zu bekämpfen. Sie mußte geschlagene feindliche Fußtruppen verfolgen und im Falle einer Niederlage der eigenen Infanterie den Rückzug decken. Die Reiter waren mit Speer und Schwert bewaffnet, später kamen zur Athener Reiterei 200 Söldner als berittene Bogenschützen hinzu. Die Pferde kaufte man aus Thessalien und Böotien, sie wurden den militärischen Anforderungen entsprechend gezüchtet. Eine der wichtigsten Forderungen an das Exterieur des Pferdes war der hochaufgesetzte Hals, der den Reiter vor feindlichen Geschossen (Pfeile, Speere) schützen sollte.

Der Grieche Xenophon schilderte in seinem Werk «Hippike» (Reitkunst), welche Anforderungen im Militärdienst seiner Zeit an Reiter und Pferd gestellt wurden. Die Grundgedanken seiner Lehre haben Gültigkeit bis in unsere Zeit behalten.

Xenophon schließt sich dem Feldzug des Kyros gegen dessen Bruder Artaxerxes, Großkönig von Persien, an und studiert dort die zahlenmäßig starke persische Reiterei. In der Schlacht bei Kunaxa kann er erkennen, daß die persische Reiterei der geschulten griechischen Phalanx nicht gewachsen ist, die von ihr ständig, aber mit wenig Erfolg frontal attackiert wird und die ihrerseits der Reiterei ziemliche Verluste zufügen kann. Der Wert der Reiterei konnte demzufolge nicht in der frontalen Attacke auf eine festgefügte Infanterieformation bestehen, vielmehr in der Überraschung des Gegners, in Flankenangriffen, im aufgelösten Scharmützeln, in schneller Verfolgung und in der Aufklärung des Geländes, dann wäre sie eine wirksame Waffengattung.

Diese Erkenntnis war Anlaß für die Bemühungen Xenophons, in den Heeren mehrerer Herrscher, denen er diente, zweckmäßige Reiterei zu bilden. Noch im Alter hielt er Pferde und sah in der Jagd zu Pferde das beste Mittel, Pferd und Reiter für den Ernstfall zu schulen.

Um das Jahr 365 v.u.Z. schrieb er für den

Kavalleristen die «Hippike». Die Kapitel 1 bis 3 enthalten Hinweise zur Beurteilung des Pferdes.

Wie man von einem Haus keinen Nutzen hat, dessen Oberbau gut, aber dessen Fundamente schlecht sind ..., so würde man auch von einem Militärpferd keinen Nutzen haben ..., wenn es alles sonst im guten Zustand hätte, aber schlecht auf den Füßen stände. Keine steile Fesselung soll das Pferd haben, da solche krankheitsanfällig ist, aber es darf auch kein «Durchtreter» sein. Der Hals des Pferdes soll nicht wie der eines Schweines nach vorn (nach unten) gestreckt sein, sondern wie der eines Hahnes getragen werden ... Da wir uns vorgenommen haben, ein (erwachsenes d.V.) Pferd für den Kriegsdienst zu kaufen, müssen wir es auch in all den Dingen erproben, in denen es der Krieg auch auf die Probe stellt, d.h. über Gräben zu springen, Wälle zu überwinden, Anhöhen hinauf zu galoppieren ...

Die Kapitel 4 und 5 enthalten Hinweise zur Fütterung und Pflege des Pferdes, auch solche zur Pflege der Mähne, damit sie recht üppig wachse und dem Reiter Halt biete ... Das Pferd soll man immer von der Seite führen, das ist für den Reiter am sichersten, auch kann er in Eile schnell aufsitzen.

Die Kapitel 6 und 11 enthalten die Reitvorschriften. Der Sitz des Reiters soll so sein, als stünde er aufrecht mit gespreizten Beinen ... so kann er mit mehr Wucht vom Pferd herunter den Speer werfen und dreinhauen. Das Wenden soll man üben, wie es im Kampf notwendig ist. Nach jeder Wendung ist das Tempo zu erhöhen, d.h. zur Verfolgung des fliehenden Feindes oder aber, um sich selbst in Sicherheit zu bringen ... Die Pferde müssen auch an das Zustoßen mit Lanzen und an das Speerwerfen gewöhnt werden, dazu verwendet man häufig stumpfe Übungswaffen ...

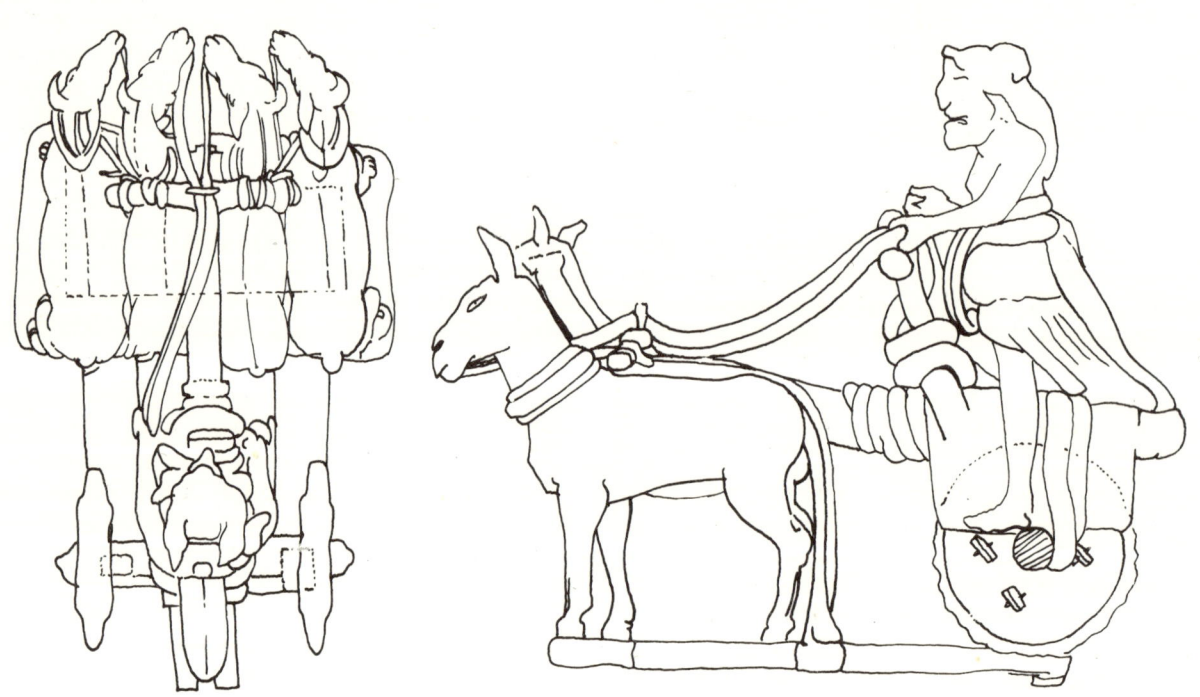

Babylonische Jochanspannung mittels Halsgurt
Zeichnung von H. Jürgens

Wird der Reiter vom Gegner mit den Händen vom Pferd gezogen, so muß er sein Pferd auf den Gegner zutreiben, so daß er ihn vom Pferde stößt.

Im Kapitel 12 wird schließlich die zweckmäßigste Ausrüstung für Reiter und Pferd empfohlen. Der Reiter soll einen maßgefertigten Panzer (Küraß, d. V.) mit Halsschutz tragen, der Helm soll aus böotischer Werkstatt sein. Für den Unterleib, die Schamteile und die sie umgebenden Partien sollen die Klappen so groß sein und stark, daß sie die Geschosse abhalten ... Der linke Arm wird durch Schienen geschützt. Die rechte Achselhöhle ist besonders mit Kalbsleder oder Erz zu schützen ... Auch dem Pferd soll man einen Stirn-, Brust- und Rippenschutz auflegen, vor allem aber seine empfindlichen Weichen mit einer Reitdecke schützen. Wörtlich heißt es dann: «Um den Feinden Schaden zuzufügen,

Assyrische Jochanspannung
mittels Halsriemen und Bauchgurt
Zeichnung von H. Jürgens

Ägyptische Jochanspannung mittels Brustriemen und Bauchgurt
Zeichnung von H. Jürgens

37

loben wir mehr den Säbel als das Schwert; denn da der Reiter sich hoch befindet, nutzt der Hieb eines Säbels mehr als der eines Schwertes. Anstelle der Lanze von Rohr, da sie ja schwach und schlecht zu handhaben ist, empfehlen wir eher die zwei Wurfspeere aus Kornelkirsche. Wer sich darauf versteht, kann nämlich den einen abwerfen, den verbliebenen aber nach vorn, zur Seite und nach hinten gebrauchen. Gleichzeitig ist er auch leichter als die Lanze und leichter zu führen. Als Wurfweite empfehlen wir die größte; denn so läßt es die Zeit zu, abzuwenden und den (zweiten) Speer in die andere Hand zu nehmen.

Wir wollen auch ganz kurz beschreiben, wie man mit der größten Wucht wirft. Wenn man die Linke vorwirft, die Rechte aber zurücknimmt, sich aus den Oberschenkeln aufrichtet und die Lanze ein wenig nach oben geneigt entsendet, so wird das Geschoß sehr wuchtig und sehr weit fliegen, am zielsichersten allerdings, wenn die Lanze während des Abwurfes immer auf das Ziel gerichtet bleibt.»

Zu Lebzeiten Xenophons hatte in Athen jeder aus den beiden ersten Einkommensklassen rekrutierte Reiter zwei Pferde zu stellen, für die Ausrüstung bekam er einen einmaligen staatlichen Zuschuß, außerdem pro Tag ein Futtergeld.

Trotz solcher Bemühungen war die Reiterei in den griechischen Stadtstaaten gegenüber Infanterie und Flotte nur von geringer Bedeutung. Das änderte sich erst, als die Makedonier die Balkanhalbinsel beherrschten. Die günstigen geographischen Bedingungen ihrer Heimat, der Kontakt zu Lande mit den östlichen Steppenvölkern und die weitgespannten Eroberungsabsichten in Vorderasien veranlaßten die Makedonier, starke, taktisch geschulte Reiterverbände zu schaffen, die erstmals in der Geschichte Kavallerie im eigentlichen Sinne darstellten. Philipp von Makedonien (König von 357–336 v. u. Z.) verfügte bereits über 3000 Mann reguläre Kavallerie, die hauptsächlich aus dem makedonischen und thessali-

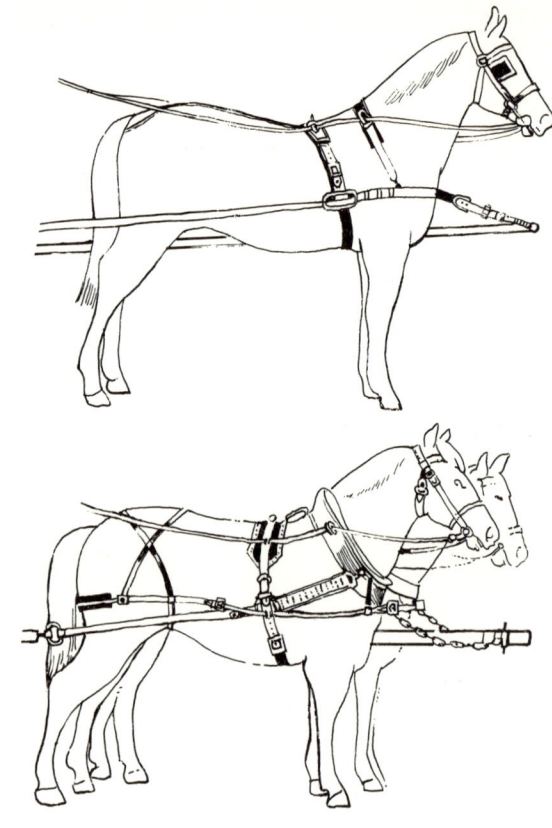

Sielengeschirr und Kummetgeschirr
Zeichnung von H. Jürgens

schen Stadtadel gebildet wurde. Nach dem Sieg der Makedonier über Athen und Sparta stellten auch diese einige Eskadronen Reiterei für das makedonische Heer.

Im Jahre 336 v. u. Z. wird Alexander König von Makedonien und Herrscher der Griechen. Er schafft beweglichere Phalangen der Infanterie, doch vor allem läßt er die Kavallerie verstärken. Die reguläre schwere Kavallerie (Helm, Brust- und Beinharnisch, langes Schwert und Spieß) wird mit regulären Einheiten leichter Kavallerie ergänzt (Wurfspeere und leichte Lanzen), und für die Feldzüge wirbt man Pferdebogner aus den östlichen Randgebieten Griechenlands an, deren Hauptaufgabe der Patrouillendienst ist. Aber auch eine gänzlich neue Art der Reiterei entsteht, die entweder als Kavallerie oder als Infanterie zu kämpfen hat; sie war vergleichbar den späteren Dragonern, die, zwar mit wechselnder Bewaffnung, doch gleicher Aufgabenstellung, bis in unser Jahrhundert existierten.

Dem gekonnten Zusammenwirken ihrer Waffengattungen hatten die Makedonier ihre Erfolge in den Schlachten gegen die Perser zu verdanken. Den wichtigsten Sieg errangen sie in einer der größten Schlachten des Altertums im Jahre 331 v. u. Z. bei Gaugamela in der Nähe der Ruinen von Ninive. Auf makedonischer Seite standen etwa 45 000 Mann, davon 7000 Reiter (Delbrück), einer eher geringeren Zahl persischer Fußsoldaten, aber etwa 12 000 Reitern und einer großen Anzahl von Sichelwagen gegenüber. Die Perser hatten für die Schlacht eine weite Ebene gewählt, damit sie die Streitwagen, mit denen sie die Kampfhandlungen eröffneten, einsetzen konnten. Doch die an den Flanken der tiefgestaffelten makedonischen Phalanx aufgestellten Bogner schossen den Angriff zusammen. Viele Gespanne rasten in wilder Panik zurück und brachen in die eigenen Reihen ein. Der persischen Reiterei gelang es an einer Stelle, zwischen den Blöcken der Waffengattungen die gegnerische Linie zu durchstoßen, doch konnte sie die Phalanx nicht erschüttern, vor allem weil sich die persischen Reiter sofort gegen den Troß wandten. Die schwere Kavallerie der Makedonier durchstieß dagegen diszipliniert an einer Stelle die feindlichen Linien, brach die teilweise Umklammerung und schwächte den Gegner gemeinsam mit den anderen vorrückenden Truppenteilen, was diesen zur vorzeitigen Auflösung der Schlachtordnung und regellosen Flucht veranlaßte. Die Makedonier

erbeuteten den persischen Troß sowie die Staatskasse und hatten jetzt freien Weg, sich das persische Großreich zu unterwerfen.

Historisch analog zu Griechenland entwickelte sich von der Mitte der Apenninenhalbinsel aus der römische Sklavenhalterstaat. Seine ökonomische Basis war jedoch während der ersten Jahrhunderte seines Bestehens fast ausschließlich die Landwirtschaft. Im Verlaufe der Punischen Kriege, besonders am Ende des 3. Jh. v. u. Z. kam es auch hier zur Massensklaverei.

Das Heereswesen war in der mehr als tausendjährigen römischen Geschichte mannigfaltigen Veränderungen unterworfen. Sie spiegeln die grundlegenden gesellschaftlichen Veränderungen wider, wie sie sich in den Zeiten der Festigung des Sklavenhalterstaates bis 250 v. u. Z., seiner Blütezeit bis etwa 1. Jh. u. Z. und seines Zerfalls bis zum 5. Jh. vollzogen. Im römischen Militärwesen war von Anfang an die Infanterie die Hauptwaffe, und sie blieb es über viele hundert Jahre bis zur Schlacht bei Adrianopel im Jahre 378, in deren Ergebnis im Oströmischen Reich die byzantinische Heeresreform vollzogen wurde.

Die administrative Einheit des römischen Heeres war die Legion. In der Mitte des 6. Jh. v. u. Z. bestand jede Legion (insgesamt 4) aus 4200 Fußsoldaten und 300 Reitern. Bis zur Heeresreform von Byzanz waren die Reiter immer in kleinen Abteilungen dem Fußvolk beigeordnet.

Ähnlich wie Solon in Athen teilte der römische König Servius Tullius (578–534 v. u. Z.) die Einwohner Roms nach dem Vermögen in 5 Klassen ein und bestimmte hiernach die Art des Militärdienstes. Die reichsten Bürger der 1. Klasse hatten Dienst in den Reitercenturien zu leisten (Centurie = Hundertschaft). Pferd und Futtergeld erhielt der Reiter vom Staat, die Ausrüstung aber mußte er selbst beschaffen. Sie bestand aus Lanze, langem Schwert, Helm, Brustharnisch und Beinschienen. Aus dieser Reiterei entwickelte sich der römische Ritterstand, dessen Angehörige mit vielen Privilegien ausgestattet waren. Während der Zeit der Republik waren die Ritter häufig die größten Finanziers und Kaufleute des Staates. Die römischen Ritter und die Ritterschaft der europäischen Feudalzeit sind jedoch absolut nicht identisch.

Anfangs wurde die Reitkunst sehr gefördert. Im Einzelkampf mit gegnerischen Fußsoldaten ritt man zu dieser Zeit auch die Kampfvolte, die schon im alten Ägypten bekannt war. Der Reiter umkreiste im schnellen Tempo seinen Gegner in immer enger werdendem Zirkel. Die Zügel hielt er nicht in der Hand, sie waren am Halsriemen des Pferdes befestigt. Zur Rechtsvolte griff er mit der linken Hand rechts am Hals des Pferdes in den Halsriemen und drehte ihn zu sich hin. Das Pferd bekam so die gewünschte Biegung, ohne daß der Reiter die notwendige Handfreiheit verlor. Wenn notwendig, saß er mit beiden Beinen nach innen und konnte schnell vom Pferd abspringen. Ritt er die Volte, so hatte er den sich häufig mit einem Schild schützenden feindlichen Fußsoldaten als festes Ziel im Kreismittelpunkt vor sich, dem der Reiter aber kaum eine Gelegenheit zum Gegenangriff bot. Er stieß mit der Lanze zu, sprang vom Pferd und beendete den Kampf mit dem Schwert. – Bis in unsere Zeit überliefert blieb die Volte eine wichtige Übung im Turniersport.

Die geschilderte Art der Zügelführung ist auch auf assyrischen Reliefs abgebildet, wenn Jagdszenen dargestellt sind. Ganz gleich, ob bei der Jagd oder während des Kampfes, immer gewährte sie dem Reiter völlige Handfreiheit, setzte allerdings die sichere Balance auf dem Pferd voraus, denn Steigbügel wurden erst 1000 Jahre später erfunden. Der Sporn war jedoch etwa ab Mitte des 1. Jt. v. u. Z. bekannt.

Die Eroberungen der Römer und als deren Folge die ständige Ausdehnung des Reiches machten es notwendig, die Anzahl der Legionen zu erhöhen. Auch ihre Zusammensetzung und die Mannschaftsstärken unterlagen Veränderungen. Die Reiterei war zeitweilig 1800 Mann je Legion stark, betrug dann aber wieder nur 300 Mann. Die Reitkunst vernachlässigte man im Verlaufe der Zeit völlig, in gleichem Maße sank die Bedeutung der Reiterei. Der Anteil der Infanterie stieg je Legion von 4200 auf 5000 und schließlich auf 6000 Mann. In den Jahrzehnten um die Zeitenwende verfügte Rom über 25 Legionen zu je 6000 Mann, die Legionsreiterei aber war schon ein Jahrhundert früher völlig abgeschafft worden.

Reiterei stellten nun als selbständige Waffengattung die Verbündeten oder Vasallen Roms, wie Kelten, Spanier und Germanen. Es galt der Grundsatz, daß die Hälfte eines römischen Heeres aus Bundesgenossen zu bestehen habe. Von den Germanen ist uns aus dieser Zeit eine besondere Form des Reiterkampfes überliefert: Beim Angriff der Reiterei klammerte sich ein Fußsoldat neben dem Pferd laufend in dessen Mähne fest. So konnte schnell eine größere Anzahl Krieger gegen die feindlichen Reihen stürmen. Diese Kampfesweise wird nach einem Germanenhäuptling die Taktik des Ariovist genannt.

Viel mehr Bedeutung als die römischen Heerführer maßen die karthagischen der Reiterei bei. Karthago war neben Rom der zweite mächtige Sklavenhalterstaat. Während seiner größten Ausdehnung im 5.–3. Jh. v. u. Z. erstreckte er sich in Nordafrika von der Hauptstadt Karthago (in der Nähe des heutigen Tunis) in westlicher Richtung bis an den Atlantischen Ozean, in östlicher bis zur Großen Syrthe. Außerdem besaßen die Karthager Kolonien oder Handelsniederlassungen in Spanien, Gallien und auf Sizilien.

Pferde sind vermutlich schon in prähistorischer Zeit von der Iberischen Halbinsel aus nach Nordafrika gelangt. Sicherlich aber kamen sie mit den Streitwageninvasionen in größerer Anzahl bis Ägypten und wurden von dort als Handelsobjekte

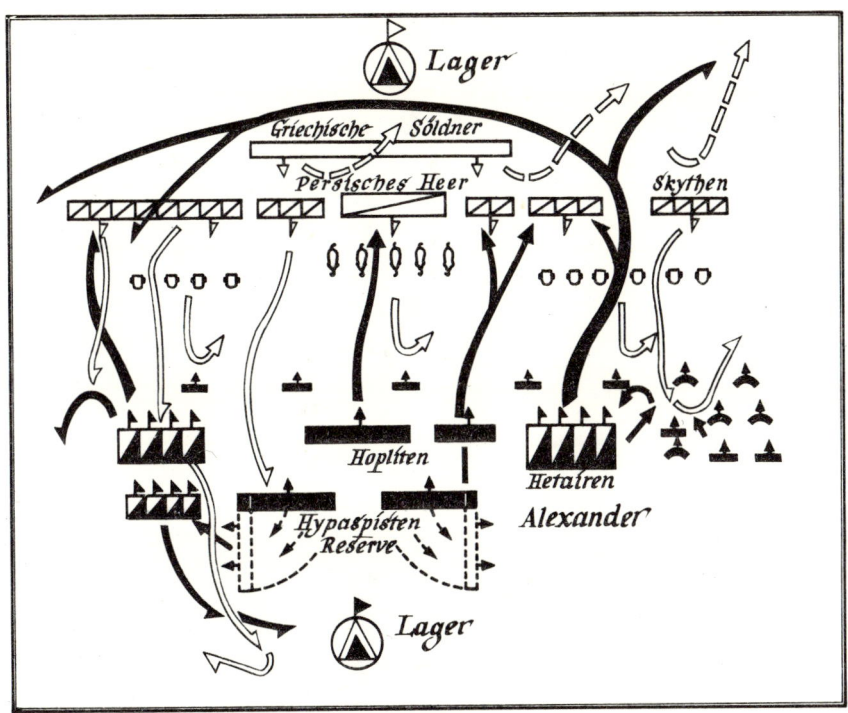

Manöver der Kavallerie in der Schlacht bei Gaugamela 331 v. u. Z.
Linksseitige Umfassung der persischen Schlachtordnung
durch die am rechten Flügel der makedonischen Schlachtordnung
handelnde makedonische Kavallerie nach Durchbruch
durch eine Lücke im linken Flügel der persischen Schlachtordnung
in der zweiten Etappe der Schlacht
Zeichnung von H. Jürgens

allmählich entlang der nordafrikanischen Mittelmeerküste in Richtung Westen verbreitet.

Die karthagischen Heerführer Hamilkar und Hannibal bildeten für ihre Eroberungszüge die leichte Reiterei aus numidischen Nomaden, deren Taktik der blitzschnelle Angriff, der Überfall, war. Diese Taktik ist uns in dem Reiterspiel «Fantasia» überliefert: Ein Kriegertrupp attackiert im Galopp das Zelt eines hochstehenden Würdenträgers, jeder Reiter ist selbständiger Akteur. Das Zelt umzingelnd, müssen alle Reiter aber zur gleichen Zeit aus dem rasenden Tempo heraus stoppen.

Außer der numidischen Reiterei besaßen die Karthager auch schwere Kavallerie. Sie war nach dem Vorbild der makedonischen ausgerüstet und geschult. Für diesen Dienst rekrutierte man vor allem Reiter und Pferde aus dem südlichen Iberien; die Pferde dort waren großkalibriger und die Reiter leichter zu disziplinieren als die afrikanischen.

Im zweiten Punischen Krieg (218–201 v. u. Z.) fielen die Karthager unter Hannibal, von Iberien durch Gallien ziehend, in Italien ein. Nur mit Hilfe ihrer Kavallerie war es möglich, die gut ausgebildeten und ausgerüsteten Legionen der

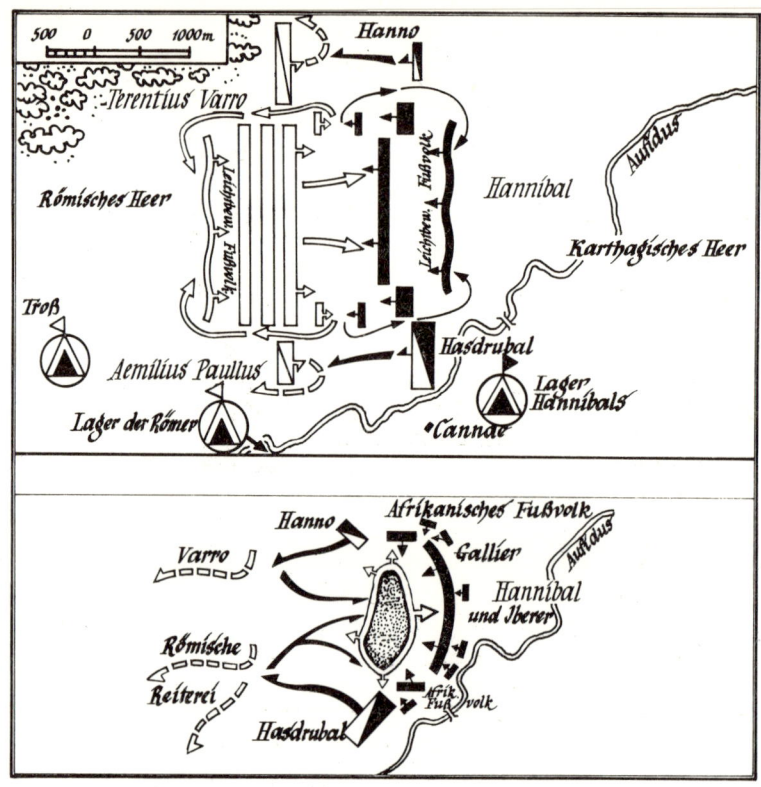

Manöver der Kavallerie in der Schlacht bei Cannae 216 v. u. Z.
Nachdem in der ersten Etappe der Schlacht die karthagische Kavallerie
die römische Kavallerie vom Schlachtfeld vertrieben hatte,
umfaßte in der dritten Etappe der Schlacht
das karthagische Fußvolk die römische Schlachtordnung an den Flanken.
Die karthagische Kavallerie vollendete dieses Manöver
mit der *Einkreisung* des römischen Heeres
Zeichnung von H. Jürgens

Römer zu schlagen. Zwei Beispiele demonstrieren die Taktik der karthagischen Kavallerie und deuten auf ihren Ursprung bei den Makedoniern hin.

Während eines Erkundungsmarsches stießen im Jahre 218 v. u. Z. am Ticinus (Ticino) Truppen des römischen Konsuls Publius und Karthager unter Hannibal zusammen. Die Karthager griffen sofort die in zwei Linien (1. Linie leichte Infanterie, 2. Linie Kavallerie)

formierten römischen Truppen an. Schwere karthagische Reiterei durchbrach mit wuchtigem Anprall die Reihen der leichten Infanterie und stürzte sich sogleich auf die Linie der römischen Kavallerie, während die numidische Reiterei dem Gegner in die Flanken und in den Rücken fiel. Die schnellen Angriffe brachten die römischen Truppen sehr bald völlig durcheinander, so daß sie unter hohen Verlusten die Flucht ergriffen.

In der Schlacht bei Cannae (Süditalien) im Jahre 216 v.u.Z. standen (nach Delbrück) auf römischer Seite 55 000 Mann schwere Infanterie (Hopliten), 8000 bis 9000 Mann leichte Infanterie und 6000 Reiter dem karthagischen Heer in Stärke von 32 000 Mann schwerer Infanterie, 8000 Mann leichter Infanterie und 10 000 Mann Reiterei gegenüber; die Frontlänge betrug etwa einen Kilometer. Die Karthager hatten an ihrem linken Flügel die gesamte schwere Kavallerie und an ihrem rechten Flügel die numidische Reiterei aufgestellt, das Zentrum bildeten 20 000 Infanteristen, an den Seiten von je 6000 Mann afrikanischer Elitefußtruppen in tiefer Kolonne (Haken) gestützt.

Das römische Heer stand dem Gegner in tiefgestaffelten Phalangen, unterschiedlich 36 bis 72 Mann tief, die Kavallerie an den Flanken, gegenüber.

Karthagische Bogenschützen eröffneten die Schlacht. Schon bald aber ritt ihre gesamte schwere Kavallerie eine wuchtige Attacke auf die Linien der gegnerischen Reiter, zersprengte diese und trieb sie in den Fluß. Sie umging dann die römischen Phalangen in deren Rücken, zerschlug gemeinsam mit der vorrückenden numidischen Reiterei die am römischen linken Flügel stehenden Reiterverbände und griff dann die römische Infanterie im Rücken an. Diese hatte inzwischen die zahlenmäßig unterlegene karthagische Infanterie stark bedrängt, wurde nun aber von der feindlichen Kavallerie im Rücken am weiteren Vorgehen gehindert. Dann schwenkten die Afrikanerkolonnen aus dem Haken heraus vor und umfaßten den Gegner an den Flanken, so daß das römische Heer völlig eingeschlossen war. Die Soldaten wurden immer mehr zusammengedrängt, sie behinderten sich selbst beim Gebrauch der Waffen, und in das dichte Gewühl hineingeschleuderte Geschosse trafen stets ein Ziel. Stunden später waren 48 000 römische Krieger gefallen, 16 000 entkamen, der Rest ging

in Gefangenschaft. Die Karthager sollen 5500 Mann verloren haben.

Trotz der glänzenden Erfolge ihrer Kavallerie wurden die karthagischen Truppen durch die vielen Kämpfe im fremden Land im Verlaufe der Jahre zermürbt, und schließlich verlor Karthago auch diesen Krieg gegen das Römische Reich.

Pferde verwendete man nicht nur für die Reiterei, sie waren neben den Maultieren und -eseln auch notwendige Tragtiere und Zugkräfte im Troß, und der war bei allen Heeren außerordentlich groß. Jedem römischen Offizier stand um die Zeitenwende ein Tragtier zur Verfügung, das etwa 100 kg Last zu transportieren hatte. Auch zehn Soldaten hatten zusammen ein Tragtier, das mit den notwendigen Utensilien wie ledernes Zelt, Kessel, Werkzeuge, Decken und etwas Proviant beladen wurde. Die Masse des Proviants sowie alle anderen Gerätschaften wurden auf Packwagen befördert.

Der Einsatz des Pferdes für die verschiedensten Zwecke brachte nicht nur Vorteile, er behinderte zeitweilig auch die Manövrierfähigkeit der Truppen, weil das Hufeisen noch wenig verbreitet war. Auf felsigem Grund und auf den befestigten Straßen nutzten sich Tragrand und Sohle des Hufes schnell ab. Begannen die Pferde zu lahmen, mußten wochenlange Marschpausen eingelegt werden, damit das Hufhorn nachwachsen konnte. Als Schutz für den Huf verwendeten die Römer öfters Hipposandaletten, eine Art Schuh für Hufe, der aus Riemen und Bronzeplatten bestand. Dieser Hufschutz brachte aber ebenso viele Nach- wie Vorteile mit sich. – Heutzutage, wo Hufschmiede immer rarer werden, hat man nach dem Vorbild der Hipposandalette einen «Plastikschuh» entwickelt, den auch der Laie dem Huf anlegen kann (easy boots, USA-Patent).

Während sich die geschilderten Vorgänge in den zentralen und westlichen Mittelmeerländern ereigneten, sickerte in der zweiten Hälfte des

3. Jh. v. u. Z. wieder ein Nomadenvolk, von Norden kommend, in den Iran ein. Es war der Zweig der Skythen, die als Parther bekannt wurden. Bald hatten sie die Herrschaft über die ansässige ackerbautreibende Bevölkerung erlangt. Von ihrer südlich des Kaspischen Meeres gelegenen Hauptstadt Hekatompylos aus eroberten sie Mesopotamien, beherrschten zeitweilig auch Syrien und schufen dann ein über vierhundert Jahre bestehendes Reich, zu dem als Kernland die Gebiete des heutigen Irans und des Iraks gehörten.

Bald seßhaft geworden, organisierten sie einen straff gelenkten Staat und zogen beträchtlichen Nutzen aus dem Handel zwischen den Mittelmeerländern und Südost- und Zentralasien. Hauptwaffe ihres Heeres war die Kavallerie. Die erste ernsthafte Bedrohung für das Partherreich bildeten Nomaden aus Zentralasien, die im Abstand von oft mehreren Jahrzehnten immer wieder versuchten, aus dem turanischen Tiefland nach Süden vorzudringen.

Den Parthern, wenn auch seßhaft geworden, war die Taktik und Gefährlichkeit der Pferdenomaden und ihrer berittenen Bogenschützen gut bekannt. Sie mußten deshalb den Pferdebognern eine sehr wirksame Abwehrwaffe entgegenstellen können. Nach dem Vorbild der sarmatischen Lanzenreiter schufen sie eine noch verbesserte schwere Reiterei. Dafür standen ihnen die Kenntnisse der einheimischen Handwerker in der Eisenverarbeitung zur Verfügung, auch war die Basis für die Pferdezucht günstig.

Reste einiger aus der Zeit der Perserkönige erhalten gebliebenen Pferdebestände bildeten die Grundlage für die Zucht einer leistungsfähigen Pferderasse für den parthischen Adel. Ergiebige Sommerweiden und Beifütterung von Luzerneheu im Winter sorgten dafür, daß die Pferde jederzeit in gutem Zustand waren. Im Verlaufe der Zeit erweiterte man die Pferdezucht. Bauern erhielten staatliche Auflagen, bevorzugt Kriegerpferde zu

züchten, und Handwerker wurden verpflichtet, Kettenpanzer für Reiter und Pferde herzustellen. Die parthischen Heerführer bildeten dann zweierlei Art von Reiterei: Die schweren Panzerreiter, bewaffnet mit Lanze und Schwert, sie hatten angreifende feindliche Pferdebogner zu stoppen, und die als Bogenschützen bewaffneten leichten Reiter, deren Aufgabe es war, den Gegenangriff und die Verfolgung des geschlagenen Feindes zu übernehmen. Feindliche Infanterie wurde von den Panzerreitern im Nahkampf angegriffen, wenn sie vom Pfeilhagel der Bogenschützen geschwächt war. In geschlossener Attacke ritten sie dabei in die feindlichen Reihen und kämpften mit den Lanzen.

In Gefechten und Schlachten gegen die starken römischen Legionen bewährte sich die Kavallerie der Parther bestens. Meist stellte sie sich der Heeresmasse des Gegners nicht zur offenen Feldschlacht, sondern griff einzelne Abteilungen während des Marsches an und rieb sie auf. Die schwere Kavallerie der Parther war das Vorbild für die Panzerreiter im späteren Oströmischen Reich, auch gibt es Ähnlichkeiten zwischen dem parthischen Staatswesen und der mittelalterlichen Feudalordnung Europas.

Einige Jahrhunderte nachdem die Sarmaten die Skythen in den südrussischen Steppen überwandert hatten, gerieten in Nordeuropa germanische Völker allmählich in Richtung Südosten in Bewegung und breiteten sich im Pannonischen Becken aus (Vandalen). Andere zogen den Dnepr entlang und nahmen an seinem Unterlauf die östlichen und westlichen Steppengebiete in ihren Besitz (Goten). Sie kamen in enge Berührung mit den Sarmaten, absorbierten diese zum Teil in ihren Stammesverbänden, übernahmen von ihnen Aspekte des Nomadenlebens, vor allem aber die Pferdezucht. Goten züchteten dann auch größere und schwerere Pferde, als es die von ihnen bislang benutzten Ponys waren, so, indem sie diese während der Wintermonate in überdachten Pferchen fütterten. Zur wirksamsten Waffengattung der Goten wurde die nach sarmatischem Vorbild geschaffene schwere Kavallerie.

Gotische Reiche (Ostgoten, Westgoten) existierten nördlich des Schwarzen Meeres mehrere Jahrhunderte.

In der zweiten Hälfte des 4. Jh. breitete sich in den nördlichen Schwarzmeergebieten ein bisher unbekanntes Nomadenvolk aus. Mehrere Stammesverbände kamen in einem schon Jahrhunderte während Zug aus den zentralen Gebieten Ostasiens und hatten sich während dieser Wanderung mit anderen Völkerschaften vermischt. Sie sind als Hunnen in die Geschichte eingegangen. Ihre Stämme waren ohne einheitliche Führung, und jeder suchte für sich günstige Weidegebiete. Militärisch waren sie Pferdebogner, und sie ritten die von den östlichen Steppenpferden abstammenden starkknochigen, flinken Ponys. Ihnen angeschlossen hatten sich aber auch alanische Lanzenreiter, die den Sarmaten verwandt waren und größere Pferde besaßen.

Der Widerstand der Goten gegen die fremden Eindringlinge veranlaßte diese, größere militärische Verbände zu bilden, in denen sich einige Pferdebogner rasch Fähigkeiten zur militärischen Führung erwarben. Jetzt wurden die Hunnen zu einem gefürchteten, unaufhaltsam vorwärts drängenden Gegner. Einen von den Westgoten versuchten Widerstand am Dnestr erstickten die hunnischen Pferdebogner schon im Keim. Hier versuchten die Goten, sich der drohenden Umklammerung zu entziehen, und gerieten in den Pfeilhagel des Gegners.

Aus der Steppe vertrieben, siedelten sich die Goten in Trazien im Römischen Reich an, dessen östliches Zentrum inzwischen die griechische Stadt Byzanz mit dem neuen Namen Konstantinopel geworden war. Versuche der Römer, die Goten aus Trazien zu vertreiben, scheiterten an der Kampfkraft der gotischen Reiterei. In der

Schlacht bei Adrianopel im Jahre 378 erfaßten sie mit der großen Wucht ihrer schweren Reiter die römische Reiterei in der Flanke und drangen, nachdem sie diese auseinandergetrieben hatten, auch der römischen Infanterie in die Flanken, preßten die Legionäre zu dichten Haufen zusammen und vernichteten sie mit den Lanzen. Fast das gesamte in den Kampf gezogene römische Heer blieb auf dem Schlachtfeld, gefallen waren auch Kaiser Valens und alle höheren Offiziere. Die Goten waren vor der Schlacht etwa 15000 Mann und die Römer etwa 20000 Mann stark.

Diese Niederlage war Anlaß für das militärische Umdenken im Oströmischen Reich. Anstelle der Infanterie begann man der Reiterei die größere Bedeutung beizumessen, denn die Hauptinteressen des Reiches waren nach Süden und Osten gerichtet, und dort formierten sich immer wieder starke Reitervölker. Die Elite der oströmischen Armee bestand deshalb schon wenige Jahre nach der Niederlage von Adrianopel vor allem aus Reiterei. Den Kern bildeten berittene Bogenschützen und Panzerreiter aus den Reichsgebieten sowie schwere Lanzenreiter, die sich Kaiser Theodosius aus den gotischen Stämmen etwa ab dem Jahre 382 als Verbündete verpflichten konnte. Sein Finanzminister Vegetius konnte nunmehr in seinen Schriften über das Militärwesen bemerken, «daß die römische Reiterei gut ausgerüstet und qualifiziert sei, weil sie viel von den Goten, Alanen und Hunnen gelernt und übernommen habe. Gegenüber der Reiterei fiele aber die jetzige Infanterie stark ab.»

Um das Jahr 400 setzten sich die Hunnen erneut in westlicher Richtung in Bewegung. In ihrem Gefolge befanden sich jetzt auch Angehörige der Turkvölker und Mongolen, die erstmals bis in europäische Gebiete vordrangen. Als es zu Zusammenstößen zwischen ihren Pferdebognern und gotischen sowie römischen Truppen kam, erlitten letztere eine Niederlage nach der anderen. Die Reiter aus der Steppe stellten sich auch hier wieder nicht zur offenen Feldschlacht, denn sie hatten viel weniger Krieger als ihre Gegner. Ihre Taktik war die des Scharmützelns, blitzschnellen unerwarteten Angriffen folgte ein scheinbarer Rückzug, um Einheiten des Gegners zur Verfolgung zu verlocken und sie dann zu vernichten. Die Bewaffnung war für diesen Zweck sehr vielseitig. Für den Fernkampf verwendeten sie außer dem Bogen noch Wurfspieße, für den Nahkampf außer dem Schwert auch Wurfnetze und Fangseile.

Die Hunnen drangen bis in die Pannonische Ebene vor. Sie brachten die große Völkerwanderung des 4. und 5. Jh. in Gang, die der schon längst zermürbten Sklavenhalterordnung des Weströmischen Reiches den Todesstoß gab, als Totengräber fungierten vor allem die Reiterscharen der Vandalen.

Für die folgende Entwicklung der Reiterei westeuropäischer Völker bedeutsam ist die mit der Völkerwanderung im Zusammenhang stehende Ansiedlung der Alanen in Portugal. Sie waren Meister der schweren Lanzenreiterei, und von ihnen lernten Goten, Franken, Sachsen und andere Völker Westeuropas. Die Reitkunst der mittelalterlichen Ritter hat hier ihren Ursprung.

Die Hunnen, in der Mitte des 5. Jh. unter der einheitlichen Führung des Fürsten Attila formiert, drangen nach erfolgreichen Kämpfen gegen Ostrom weit nach Norden und dann westwärts vor, überschritten den Rhein und begannen sich in Gallien auszubreiten. In der Nähe von Orleans jedoch stellten die vereinten Heere der Römer, Westgoten und Alanen Attilas Truppen zum Kampf. Es kam zu der bekannten Reiterschlacht auf den Katalaunischen Feldern im Jahre 451. Hier standen zum erstenmal in Europa der leichten Reiterei der Nomadenvölker in einer großen Feldschlacht gleichwertige berittene Truppen gegenüber. Die Römer waren mit schwerer Kavallerie und berittenen Bogenschützen herangeeilt, die Westgoten verfügten hauptsächlich über schwere Reiterei, und die Alanen stellten mit ihren Lanzenreitern die Elite.

Der Kampf tobte lange unentschieden, dann konnten die Verbündeten einen Fehler der Hunnen bei der Umgruppierung von Truppen, eine Blöße in der Flanke entdecken, in die sie sofort hineinstießen, so daß es gelang, den Gegner in die Flucht zu schlagen. Doch der römische Befehlshaber Aëtius vereitelte die Verfolgung, er fürchtete das weitere Erstarken der Westgoten, auch hatte er schon früher hunnische Söldner eingesetzt, um Aufstände der Sklaven, Kolonen und anderer Abhängiger niederzuschlagen. Die Hunnen zogen sich von selbst, später noch einmal Norditalien plündernd, in die Pannonische Ebene zurück.

Ein Jahrhundert später fiel ein anderes Nomadenvolk, die Awaren, über die südrussischen Steppen ziehend, in Europa ein. Nach vergeblichen Angriffen gegen Konstantinopel zogen sie nach Norden, wurden aber von den Franken besiegt und unterworfen. Den Awaren wird zugeschrieben, daß durch sie der seit dem 4. Jh. in Indien bekannte und dann in China verbreitete Steigbügel aus Metall auch in Europa bekannt wurde und damit der Reitausrüstung die letzte große Vervollkommnung brachte. Vorläufer des Steigbügels war in warmen Ländern die einfache Lederschlaufe, in die man einen Zeh steckte. Der metallene Steigbügel aber stellte die wichtigste Ergänzung des Reitsattels dar. Lange Zeit vorher hatte man schon Sättel mit hohem Vorder- und Hinterzwiesel gefertigt, um dem Reiter einen sicheren Halt bei Gleichgewichtsveränderungen (wie Speerwerfen) zu geben. Nun aber konnte er auf einem Pferd stärkeren Kalibers eine noch bessere Ausrüstung erhalten. Die Lanze wurde stabiler gefertigt und der Schutzpanzer für Reiter und Pferd erheblich verstärkt.

Während zu dieser Zeit für die europäischen

Staatengebilde Instabilität kennzeichnend war, entstand südlich des Oströmischen Reiches eine neue Großmacht. In der ersten Hälfte des 7. Jh. hatte die Anzahl der arabischen Handelshäuser zwischen den Küstengebieten des Roten Meeres und dem Mittelmeer rasch zugenommen. Sie machten sich die von Mohammed verkündete Glaubenslehre, den Islam, und das entstehende arabische Staatswesen zunutze, um ihre Einflußbereiche auszudehnen. «Die Kraft meiner Gemeinde liegt in den Hufen ihrer Pferde und in den Spitzen ihrer Lanzen!» Mohammed, der zum Sprecher und Führer des arabischen Machtstrebens wurde, setzte die in Auseinandersetzungen mit Syrern und Palästinensern gewonnene Erkenntnis bald in die Praxis um. Zur Förderung

der Pferdezucht versprach er jedem viehzüchtenden Nomaden, der sich zur Pferdezucht entschloß, eine Sonderstellung zu Lebzeiten und nach dem Tode ein herrliches Leben im Paradies. Außerdem sollte jeder Besitzer eines Kriegspferdes nach erfolgreichem Feldzug einen dreimal höheren Beuteanteil als der Fußsoldat erhalten. Das Angebot machten sich vor allem einige reiche Stammeshäuptlinge zunutze, und im Hochland von Nedsch entstanden bald berühmte Gestüte. Das Zuchtmaterial mußte aus dem Norden und Nordosten eingeführt werden, denn bodenständige Wildpferde gab es hier nicht. Die dann gezüchteten Pferde waren von hoher Qualität, von ihrer Anzahl existieren jedoch nur recht widersprüchliche Überlieferungen. Manche

Gefecht zwischen französischen Rittern (l.) und sarazenischer Reiterei (r.) bei Askalon 1099
Nach einem Glasgemälde aus dem 12. Jh. in der Abtei St. Denis

sprechen von einigen hundert, andere von einigen tausend Pferden, die hier im Verlaufe der Jahrzehnte gezüchtet wurden.

Auch mag sich mancher Beduine, der nomadisierend mit Schafen, Ziegen und Kamelen durch Steppen und Wüsten zog, zur Haltung eines Pferdes entschlossen haben. Für ständigen Gebrauch blieb aber doch das Kamel das zweckmäßigere Reittier. Pferde führte man deshalb im arabischen Kernland an den Kamelen mit und verwendete sie nur unmittelbar zum Kampf, zum blitzschnellen Angriff. Massenhaft aber wurden im folgenden Jahrhundert für die arabischen Heere Pferde in den eroberten Gebieten remontiert.

Der arabische Machtbereich erstreckte sich während seiner größten Ausdehnung vom Hindukusch über Vorderasien und Arabien bis an die nordafrikanische Atlantikküste, und er schloß auch die Iberische Halbinsel mit ein. Durch Vermischung mit persischen und türkischen Völkerschaften wurden auch die Araber zu einem Reitervolk. Die Bedeutung der Reiterei für das Reich stieg, als im Jahre 677 die bis dahin im Mittelmeer sehr erfolgreich operierende Flotte von den Byzantinern vernichtet wurde.

Die Reiter in den arabischen Heeren trugen je nach ihrer nationalen Herkunft unterschiedliche Ausrüstungen. In einer arabischen Schrift heißt es: «Die Bewaffnung besteht aus einem festen, dauerhaften Panzer, nicht zu schwer und nicht zu leicht, einem Helm, einer anschließenden Mütze unter dem Helm, zwei Armschienen, zwei Beinlingen und zwei Beinschienen ... Die Ausrüstung zum Kampf besteht aus zwei festen, starken Bögen, 30 Pfeilen mit geraden, gefeilten Spitzen, ... Köchertasche, ... einer starken Lanze mit heilem Schaft ... mit einer Spitze aus bestem Eisen, ... einem spitzen, zweischneidigen Messer, ... einem starken Streitkolben ... oder einem blanken Beil ... aus 30 Steinen in zwei Beuteln, welche vom Sattelknopf

rechts und links herabhängen. Dies ist die Ausrüstung eines zum Kampf bereiten Reiters ...» (gekürzt nach Delbrück). Zweifellos ist hier die Bewaffnung der verschiedensten Arten der Reiterei in einem genannt (Pferdebogner, Lanzenreiter, berittener Fußkämpfer), denn solche Menge an Ausrüstung auf einen Reiter vereint, würde ihn bewegungsunfähig machen und das etwa 130 cm große Pferd überlasten.

Panzerungen und Lanzen trugen vor allem Eliteeinheiten, die aus dem persischen Adel rekrutiert wurden, Pferdebogner stellten türkische Völker im Osten des Reiches und die Mauren im Westen, arabische Reiter waren mit leichten Lanzen und Säbeln bewaffnet. Steinschleuderer kämpften meist im Fußvolk mit, berittene saßen im Kampf ab. Pferdebogner und leichte Lanzenreiter bildeten das Gros der Reiterei.

Die Reiterheere gewährleisteten über Jahrhunderte die Existenz der arabischen Großmacht, in deren Bereich sich eine vielfältige Kultur entfalten konnte.

In Westeuropa hatte man indessen die Schutzausrüstung für Reiter und Pferd vor allem durch widerstandsfähige stählerne Panzerungen verbessert. So ausgerüstet waren viele der Franken, als sie sich im Jahre 732 unter Karl Martell mit ihren Verbündeten zwischen Tours und Poitiers südlich der Vienne den heranziehenden arabischen Reiterscharen entgegenstellten. Die Pferdebogner der Muslime konnten mit ihrem Pfeilhagel einem Gegner nur noch wenig schaden, dessen in vorderster Front stehende Reiter und Pferde von starken Panzerungen geschützt waren. Mehrmals in der Schlacht zurückgeworfen, flüchteten die arabischen Verbündeten des Nachts und ließen ihren gefallenen Heerführer sowie Troß und Lager zurück.

Europa war in das Zeitalter des Feudalismus eingetreten, dafür war das Frankenheer unter Karl Martell auf militärischem Gebiet ein sicheres Anzeichen.

乾坤之運濟抡偉人用錫國寶
中興武馮功凼制壁威凛荅
作於生烈物秘人神氣凛呵羨
土剿雲停聖時則見海吳河清
弘治三年十⻌十八日揚州濠
∅癸玉印一方琅紅重二斤四
西兵犬曰漢吉守侍之印
浙江吳梶天放閒

Reiterporträt des chinesischen Volkshelden und Heerführers
Yüä Fe (1103–1141)
Nach einer Abreibung von einer Steingravierung
aus der Ming-Zeit (1368–1644)

Chinesische Vase mit attackierenden Reitern aus der Zeit
des Kaisers Kangssi (1662–1722). Staatliche Museen zu Berlin

49

Reitergefecht zwischen Kaiserlichen und Schweden in der Schlacht bei Lützen 1632
Nach einem Gemälde von Jan Asselijn. Staatliche Museen zu Berlin, Gemäldegalerie

50/51

Parade auf dem Opernplatz zu Berlin 1822
Nach einem Gemälde von Franz Krüger. Staatliche Museen zu Berlin, Nationalgalerie

52/53

Reiterporträt Karls V. in der Schlacht bei Mühlberg 1548
Nach einem Gemälde von Tizian. Prado, Madrid

Offizier der Kaiserlichen Jäger zu Pferde bei der Attacke 1812
Nach einem Gemälde von Théodore Géricault. Louvre, Paris

55

Reiterporträt des Grafen Olivares um 1638
Nach einem Gemälde von Velázquez. Ermitage, Leningrad

RITTERSCHAFT UND MONGOLENHEERE

In gleichem Maße wie die Sklavenhalterordnung infolge innerer und äußerer Widersprüche zerfiel, entstanden die mittelalterlichen feudalen Systeme. Auch dieser Prozeß vollzog sich im Verlaufe von Jahrhunderten, in manchen Gebieten früher, in anderen später. Könige, Heerführer, Häuptlinge nahmen bei Eroberungen und Staatenbildungen für sich ausgedehnte Ländereien in Anspruch, während die einfachen Krieger nur soviel Boden, wie zur Existenz notwendig, erhielten. Manche Großgrundbesitzer unterstellten sich auch neuen Herrschern und sicherten so ihr Eigentum, wurden daraufhin allerdings waffendienstpflichtig. Aus ihren Kolonen und Sklaven wurden Hörige und Leibeigene. In ähnliche Abhängigkeit gerieten freie Bauern, die sich infolge ständiger Bedrohung in den «Schutz» der Berufskrieger begaben.

Ab Ende des 1. Jt. vergrößern sich auch in Mitteleuropa viele Siedlungen zu Städten. Im Schutz ihrer Mauern entsteht ein vielfältiges Handwerk. Märkte, Handel, Ware-Geld-Beziehungen lösen die Naturalwirtschaft allmählich ab. Auf den Feudalhöfen führen unterschiedliche Rentenformen wie Arbeits-, Produkten- und Geldrente sowie neue Methoden im Ackerbau zur Produktivitätssteigerung, ermöglichen aber auch dem Feudalherrn, die Ausbeutung zu verschärfen. Diese Entwicklung erreicht in den meisten europäischen Gebieten während der ersten Jahrhunderte des 2. Jt. ihren Höhepunkt.

Zur bedeutendsten Waffengattung der Streitkräfte dieser Zeit wurden die Ritter, ein berufsmäßiger Kriegerstand; größte Bedeutung errang somit auch das Pferd. Pferde und Ausrüstungen erforderten einen hohen finanziellen Aufwand. Im Frankenreich entsprach beispielsweise die Ausrüstung einem Wert von 45 Kühen oder 15 Stuten. Im einzelnen kosteten

der Helm	6 Kühe
die Brünne	12 Kühe
die Beinschienen	6 Kühe
das Schwert mit Scheide	7 Kühe
Lanze und Schild	2 Kühe
das Streitroß	12 Kühe.

Diese Kosten werden von Lehen getragen. Lehen sind Rechte zur unentgeltlichen, lebenslänglichen (manchmal auch erblichen) Nutzung von Ländereien und Einrichtungen, die der Lehensherr dem Lehensnehmer (Vasallen) überträgt. Der Vasall hat dafür Waffendienste zu leisten. Aus den

Die Vignette zeigt einen französischen Ritter aus dem 12. Jh.
Nach einem Relief an der Kathedrale von Angoulême

Hoheitsrechten entsteht die feudale Stufenleiter. Vereinfacht heißt das: Oberster Lehensherr ist der Kaiser, seine Vasallen sind die Könige, diese setzen als ihre Vasallen Herzöge und Grafen ein, die wiederum übertragen Lehensrechte auf die Gutsherren; alle sind Ritter.

Die Leistungen der Leibeigenen, Hörigen und Schutzbefohlenen finanzieren den Lebensunterhalt der Ritterschaft, ihre Hofhaltung und den Waffendienst. Frühzeitig sichern gesetzliche Regelungen diese Institutionen. In Franken wird schon im 8. Jh. mit der fränkischen Heeres- und Gerichtsverfassung die gesetzliche Basis für das Lehenswesen geschaffen. Im 11. Jh. gibt es eine für die Ritter verbindliche Erziehung und Ausbildung. Ab dem 7. Lebensjahr haben sie als Edelknaben (Buben) am Hofe eines Adligen zu dienen, ab dem 14. Lebensjahr ernennt sie der Herr zum Knappen, und nach Bewährung schlägt man sie im 20. oder 21. Lebensjahr zum Ritter.

Der Ritter ist Einzelkämpfer. Im Turnier fechten Mann gegen Mann. Die Bewaffnung besteht aus Lanze, Schwert, Dolch und manchmal auch aus einem Panzerhaken. Ritter und Pferd schützen stabile Panzer aus Metall. Die Ausrüstung wird im Verlaufe der Zeit immer schwerer, im Hochmittelalter wiegt sie zwischen 75 und 90 Kilogramm. Die Handwerker, Plattner, Schwertfeger u. a. fertigten die Rüstungen mit höchster Präzision, und viele Werkstätten erlangten internationalen Ruf, so die in Augsburg, Dresden, Innsbruck, Mailand, Nürnberg und Wittenberg. Sie fertigten außer der Rüstung auch die schweren Stehsättel sowie kunstvolle Sporen und Steigbügel.

Die Ausbildung des Ritters setzte ein geschultes Pferd voraus. Das Streitroß mußte möglichst groß und von schwerem Kaliber sein, denn es hatte Reiter und Ausrüstung zu tragen und sollte außerdem dem Angriff die nötige Wucht verleihen. Im fränkischen Reich wurde deshalb schon frühzeitig mit der Zucht großkalibriger Pferde begonnen. Goten und Alanen hatten die Grundlage dafür mit nach Westeuropa gebracht, nun kreuzte man auch noch andalusische Landschläge in die einheimischen ein. Die schweren Pferde wurden nur unmittelbar zum Kampf verwendet. Sie mußten deshalb vor allem an das Tragen der Rüstung, an klapperndes Metall, an Lanzensplittern und Schwertgeklirr gewöhnt werden. Ein spezielles Training erhielten sie in der Gangart Galopp. Denn nur in ganz kurzer Entfernung vor dem Gegner mußten sie aus dem Schritt in den Galopp springen.

Die Ritter hatten sich darin zu üben, vom galoppierenden Pferd mit der Lanze die verwundbaren, d. h. die Panzerung durchdringbaren Stellen des Gegners zu treffen. Eine solche war die Visierklappe, die das Gesicht schützte. Als wichtige Vorübung diente das Ringstechen, heute noch mancherorts als Reiterspiel gepflegt.

Zum Ringstechen galoppiert der Reiter auf einer Bahn. In Augenhöhe (Visierklappe des Ritterhelmes) hängen über der Bahn an Querstangen Ringe im Durchmesser von etwa 5–8 cm, die der Ritter auf seine Lanze zu stechen hat. Könner sollen sogar Eheringe im vollen Galopp aufgespießt haben. Im Spiel ist Sieger, wer die meisten Ringe in mehreren Durchläufen stechen kann.

Zum Reisen benutzten die Ritter nicht das schwere Streitroß, sondern leichte Pferde mit «sanften» Gangarten, die Zelter oder Tölter. Solche Pferde wurden auch von den Knappen geritten. Der Tölt ist ebenso wie der Paßgang und zahlreiche ähnliche Trittvariationen eine für den Reiter fast erschütterungsfreie mittlere und schnelle Gangart des Pferdes.

Ab dem späten Mittelalter vernachlässigte man in Europa die Zucht der mit solchen Gangarten ausgestatteten Pferde auf Grund veränderter militärischer Anforderungen, und schließlich existierten sie nur noch in Randzonen. Denn die nun

Ritter und Fußknecht im 15. Jh.
Nach einem Holzschnitt von H. Wechtlin

59

entstehende Kavallerietaktik machte schnelle Positions- und Formationsänderungen notwendig, die Pferde mußten ausdauernd traben, galoppieren und auch springen können. Dieser Entwicklung unterlag auch die im Mittelalter bekannte neapolitanische Reitschule, die die «sanften» Gangarten des Pferdes rühmte.

Knappen und Knechte standen dem Ritter zu Diensten, sie führten seine Rüstung mit, legten ihm diese vor der Schlacht an und halfen ihm das Streitroß zu besteigen. Nun war ihm vom Gegner nur schwer beizukommen. Denn außer der Rüstung sicherten ihn noch Spießträger und Bogenschützen aus seinem Gefolge, später auch noch leichte Reiter. Je nach Stellung und Vermögen des Ritters war diese Hilfswaffe unterschiedlich groß. Im Hochmittelalter tritt solch eine «Einheit» als Lanze oder Gleve auf. Im Herzogtum Burgund gehörten beispielsweise am Ende des Mittelalters zu einer Lanze: ein Ritter, 3 Armbruster, 3 Büchsenschützen und 3 Pikeniere. Ritterheere bestanden somit bis zu 90 Prozent aus Fußvolk, gelegentlich wird in Überlieferungen auch von einem «reinen» Ritterheer gesprochen. Ein solches war aber dann sehr klein, und mehrere hundert Ritter zu einem Heer vereint dürften schon als Ausnahme gelten.

Das Gefolge der Ritter bestand anfangs aus Hörigen, Leibeigenen und gelegentlich auch noch aus Sklaven, die nur mit Spießen, Schwertern und Keulen bewaffnet und nicht kriegsmäßig geschult waren. Später verbesserte man ihre Bewaffnung und stellte auch wieder Söldner in Dienst.

Schon in der Schlacht bei Tours und Poitiers im Jahre 732 leisteten Ritter den entscheidenden Beitrag zum Sieg über die zahlenmäßig weit stärkere islamische Reiterei.

Ebenso erfolgreich stellten sich Ritterheere 200 Jahre später den in Steppengebieten nahe dem Ural beheimateten, über den Balkan und Oberitalien nach Mitteleuropa vordringenden magyarischen Reitern entgegen. Im Jahre 933 wurden diese erstmalig von deutschen Rittern bei Merseburg zurückgeschlagen, wichen wieder auf den Balkan aus und erzwangen 934 und 942 von Konstantinopel Tribute. Allmählich erholt, drangen ihre Reiterscharen das Donautal aufwärts nach Westeuropa vor. In Lothringen und Burgund schwächte der Widerstand der Städte und Burgen ihre Kampfkraft. Im Jahre 955 schlug sie dann ein Ritterheer unter Otto I. auf dem Lechfeld bei Augsburg.

Das Ritterheer war in dieser Schlacht in acht Blöcken zu je 1000 Mann formiert. Sie kämpften in geschlossen vorgehenden Abteilungen gegen die in Wellen angreifenden Pferdebogner der Magyaren. Beide Gegner sollen etwa zahlenmäßig gleich stark gewesen sein. Die Ritter wirkten in den geschlossenen Formationen wie eine Walze, die sich unaufhaltsam gegen den Feind vorschob, ohne daß dieser sie mit dem üblichen Pfeilhagel aufhalten konnte. Viele Magyaren blieben auf dem Schlachtfeld, die Überlebenden zogen sich bis ins Pannonische Becken zurück, und wurden hier während der folgenden fünfzig Jahre endgültig ansässig.

Das Leben an den Höfen der Kaiser, Könige, Herzöge, Grafen, Ritter, Päpste und Bischöfe war prunkvoll, kostete also viel Geld. Aus dem Eigenbesitz konnte das nur in Maßen aufgebracht werden. Aber Beute ließ sich durch Kriege, durch Eroberung fremder Länder machen. Unter anderen waren es die reichen, in ihrer wirtschaftlichen Entwicklung fortgeschrittenen italienischen Städte, die deutsche Herrscher zu Eroberungszügen lockten, zu Feldzügen, deren Rechtfertigung im Anspruch auf die Krönung in Rom gesehen wurde. So zog Heinrich V. im Jahre 1110 nach Rom mit einem Ritterheer, das auf seinem Wege Städte Oberitaliens «unterwarf» und plünderte.

Eineinhalb Jahrzehnte früher begannen die Kreuzzüge, denn noch reizvoller als Oberitalien

Gefecht zwischen burgundischen Rittern und schweizerischem Fußvolk in der Schlacht bei Nancy 1477
Nach einer Miniatur der Prachthandschrift des Froissard

waren die Schätze des Orients und die fruchtbaren Ländereien an der Mittelmeerküste Kleinasiens bis hinüber nach Tunis. Unter geschickter Ausnutzung der Legende von der Verteidigung der heiligen Kirche fielen Ritterscharen aus Nord-, West- und Mitteleuropa, zunächst über den Balkan ziehend, später auch zu Schiff, in den Orient ein.

Die Templer denunzierten in ihren Regeln als die eigentlichen Ziele der Kreuzzüge ihrer weltlichen Brüder: «... während die weltlichen Ritter ihre Stärke darin suchten zu rauben, Beute zu machen und zu morden, wollen sich die Templer der Verbreitung des rechten Glaubens widmen.»

Aber neben Eroberungsgelüsten westeuropäischer Feudalherren bestimmten auch Forderungen und Interessen reicher Kaufleute aus Venedig, Pisa und Genua den Verlauf und die Ziele der Kreuzzüge nach dem Orient.

An einigen Orten der Mittelmeerküste Kleinasiens und Syriens konnten Kreuzfahrer Fuß fassen, Siedlungen anlegen und Burgen bauen, auch Jerusalem gelangte in ihren Besitz. Doch eroberten die Muslims diese Stätten im Verlaufe von einhundert Jahren wieder zurück und vernichteten manche von diesen.

Auf militärischem Gebiet brachten die Kreuzzüge eine Ergänzung für die Hilfswaffe der europäischen Ritter. Diese hatten im Orient die Pferdebogner kennengelernt und nahmen sie fortan als Söldner in ihre Dienste.

Die Niederlagen im Orient veranlaßten den dort anfangs des 13. Jh. gegründeten Deutschen Ritterorden, seine Expansionsbestrebungen stärker in Richtung Osten auszudehnen. Seine Ritter versuchten zunächst, sich im Pannonischen Becken festzusetzen, doch wurden sie von den Ungarn vertrieben. Darauf verlangte der Großmeister des Ordens, Hermann von Salza, die Gebiete um Kulm im Pruzzenland als Lehen. Sein Argument: Man müsse die katholischen Polen auf deren Wunsch im Kampf gegen die heidnischen Pruzzen unterstützen. Gleichzeitig ließ er sich vom Papst das Lehensrecht auf alle zukünftigen Eroberungen im Gebiet der Pruzzen und Litauer bestätigen. Als das gesichert war, verband sich der Deutsche Ritterorden mit dem bereits in Livland eingedrungenen Schwertorden. Die Ordensritter kolonisierten mit Unterstützung starker europäischer Herrscherhäuser das baltische Gebiet zwischen der Weichsel und dem finnischen Meerbusen innerhalb weniger Jahrzehnte in der Mitte des 13. Jahrhunderts.

Pferde waren ein wichtiges Hilfsmittel bei der Unterwerfung, Niederhaltung und teilweisen Ausrottung der einheimischen Bevölkerung. Der bodenständige Pferdeschlag im Pruzzenland und in Litauen gehörte zu den aus den osteuropäischen Wildpferden hervorgegangenen Schweiken (lit. sweikus = gesund). Diese waren sehr ausdauernd und genügsam, aber nur 100 bis 120 cm groß und als Ritterroß nicht geeignet. Sehr schnell begann der Orden deshalb mit der gezielten Pferdezucht. Schweres Zuchtmaterial stellten die verbündeten Feudalen in Franken, Sachsen und Flandern zur Verfügung, es bildete die Grundlage für die Streitroßzucht. Gleichbedeutend wurde eine zweite, leichtere Pferderasse zur wirtschaftlichen Verwendung gezüchtet. Aus den zeitweiligen Besitzungen im Orient brachte man auch orientalische Pferde heran, die vor allem mit Schweiken gepaart wurden.

Um das Jahr 1400 bestanden etwa 30 Gestüte zur Zucht des schweren Ritterpferdes. Zur Verfügung des Ordens standen gegen 7000 Streitrösser, 9000 Wirtschaftspferde sowie Zuchtstuten und Fohlen, dieser Bestand mußte von mehreren hundert Komptureien untergebracht und versorgt werden.

Während zunehmende Zerrissenheit das Europa des frühen Mittelalters kennzeichnete, waren in Ostasien und im Orient ständig Bestrebungen zur Schaffung von Großreichen vorhanden.

Im 9. Jh. kam es an den gemeinsamen Berührungslinien zwischen Arabern und Türken im Tiefland von Turan zur Angleichung der Interessen. Wirtschaftliches Geschick, Sklavenhandel, Freibeuterei und Zugänglichkeit für missionarische Lehren brachten Stämme beider Völker schnell einander näher. Türkische Nomaden bekannten sich zum Islam, und einem ihrer großen Stämme, den Seldschuken, gelang anfangs des 11. Jh. der Einbruch in die arabischen Hoheitsgebiete Persiens, wo sie sich zunächst der Obrigkeit unterstellten. Bei einer Erfassung der kriegstauglichen Seldschuken sollen 200 000 berittene Bogenschützen gezählt worden sein. Das als große Gefahr betrachtend, wollten die arabischen Herrscher allen wehrfähigen Seldschuken den rechten Daumen abhacken lassen, damit sie keinen Bogen mehr spannen konnten. Dazu kam es jedoch nicht, denn die Seldschuken lehnten sich auf und besiegten im Jahre 1040 in der Nähe von Merw die Truppen des Sultans. Danach eroberten sie unter Tugril Beg Chorassan. Entlang dem Alborzgebirge richtete er den weiteren Vormarsch seiner Reiterarmeen nach Mesopotamien. Ihr Ziel war Bagdad, Sitz des Kalifen, des Oberhauptes des islamischen Reiches.

Doch die Städte boten in fast allen Fällen den Reitern Widerstand, gegen die Mauern waren die Pfeile unwirksam. Nur langwierige Belagerungen konnten den Widerstand brechen, die Stadt Isfahan hielt sich beispielsweise ein Jahr lang. So kam der Vormarsch der Seldschuken nur langsam voran.

Im Jahre 1055 ziehen die Reiter Tugril Begs dann aber doch in Bagdad ein. Er selbst läßt sich als weltlichen Herrscher und den Kalifen als geistlichen Herrscher des Islam ausrufen. Das Reich umfaßt zu dieser Zeit ungefähr die Gebiete des heutigen Afghanistan, des Iran und des Irak. So gestärkt, wenden sich die Seldschuken gegen das Byzantinische Reich.

Das kaiserliche Byzanz verfügte im 11. Jh. über eine technisch gut organisierte Armee in zweckmäßiger Zusammensetzung von leichter und schwerer Infanterie, Artillerie (Schleudermaschinen), leichter und schwerer Kavallerie, Belagerungsspezialisten sowie Versorgungs- und Sanitätspersonal.

Die Elite der Truppen bestand aus der schweren Kavallerie, den «cataphracti». Die oströmischen Feldherren hatten sie nach dem Vorbild der parthischen Reiter organisiert und mit Kettenpanzern, Lanze, Schwert und Dolch ausgerüstet. Diese Waffengattung galt als unschlagbar. «Der Befehlshaber, der fünf- bis sechstausend Mann unserer schweren Reiter hat und Gottes Hilfe, braucht nichts weiter», so schrieb Nikephoros II. Phokas, Kaiser von Byzanz.

Die cataphracti bildeten auch den Kern der Truppen, als Romanus IV. Diogenes mit einem starken Heer gegen mehrere zehntausend berittene Bogenschützen der Seldschuken marschierte, um ihr Vordringen in Kleinasien zu stoppen. Doch hinter der glänzenden Fassade der Hofhaltung litt die Armee unter den Zerfallserscheinungen im Oströmischen Reich.

Die Hälfte der Truppen bestand aus Angehörigen vasallischer Völker und aus Söldnern, die auf Beute aus waren. Korruption und Intrigen zersetzten die einheitliche Führung, und in den Garnisonen veruntreute und verschob man Lebensmittel und Waffen.

Im August des Jahres 1071 kam es dann zu der folgenschweren Schlacht bei Mantzikert. Die seldschukischen Reiter stellten sich in einer tiefgestaffelten, halbmondförmigen Linie auf, deren Flügel weit über die Linien des kaiserlichen Heeres hinausragten. Im Zentrum der Byzantiner standen die cataphracti, hinter ihnen die schwere Infanterie mit den großen Bögen, um Sperrfeuer zu schießen. An den Flanken hatte man die aus Söldnern bestehende leichte türkische Reiterei postiert, die aber lief gleich zu Beginn der Schlacht zu den Seldschuken über.

Fahrende Wagenburg der Hussiten
Nach einer mittelalterlichen Federzeichnung

Während des ganzen Tages griffen die Seldschuken in der bewährten Steppentaktik an: heranreiten, Pfeilschüsse, wenden, Pfeilschuß nach rückwärts, die feindlichen Formationen zum Nachstoßen, zur Auflockerung verleiten, dann wieder Ansturm. Die pausenlosen Angriffe zermürbten in der Hitze des Augusttages allmählich auch die tapferen cataphracti. Schließlich ließ sie auch noch ein großer Teil des eigenen Heeres in Stich. Anlaß für den Zerfall der Heeresleitung waren Intrigen zur Umbesetzung des Thrones in Konstantinopel. Bei Einbruch der Dunkelheit gelang es den Seldschuken, die cataphracti einzuschließen und zu vernichten.

Die Niederlage hatte eine bedeutende militärische Schwächung des byzantinischen Reiches und den Verlust der Gebiete Ost- und Mittelanatoliens zur Folge.

Zwei Jahre nachdem die Kreuzfahrer das christliche Konstantinopel geplündert und dem Reich damit einen weiteren Todesstoß versetzt hatten, legten Pferdenomaden in den fernöstlichen Steppengebieten südlich des Baikalsees am Flusse Onon den Grundstein für das größte Feudalreich der Weltgeschichte. Die ständigen Auseinandersetzungen um die besten Weidegebiete, ungleichmäßige produktive Entwicklung durch mehr oder weniger starke Kontakte zu den chinesischen und arabisch/türkischen Städten zwangen zahlreiche Nomadenlager und -sippen in den an die Taiga angrenzenden Steppen zum Zusammenschluß.

In den Stammesfehden Ende des 12. und Anfang des 13. Jh. zeichnet sich ein junger Häuptling mit Namen Temüdschin besonders aus. Mit einer schlagkräftigen Truppe berittener Bogenschützen besiegt er Gegner wie die Merkit, die Tataren und die Naiman. Das ist der Anlaß für viele sprachverwandte Stämme, sich im Jahre 1206 am Ufer des Onon zu vereinigen und den 39jährigen Temüdschin als obersten Herrscher (Chakhan) zu wählen.

Temüdschin nannte sich von nun an Dschingis-Khan (der gerechte Herrscher), und das vereinigte Volk bezeichnete sich als Mongolen nach dem Stamme Mangchol, dem Temüdschin in seiner Jugend angehörte. Das Jahr 1206 ist die Geburtsstunde des mongolischen Staates.

Bald entwickeln sich in dem jungen Nomadenstaat Formen des Frühfeudalismus. Alleiniger Grundbesitzer aller jetzt und später beherrschten Gebiete wird die Familie des Khans. Die Lebenseinheit der Nomaden sind zunächst die Leute oder Zelte. So wird berichtet, daß Dschingis-Khans Mutter einige tausend Leute aus den Völkern besiegter Feinde zugesprochen bekam. Von ihren Tributen lebte sie, unterhielt davon den Hofstaat und ihren militärischen Schutz.

Der Chakhan ist alleiniger Gesetzgeber, die Regierung bilden seine vier Söhne, die Prinzen.

Straffe militärische Organisation soll die Kampfkraft der berittenen Bogenschützen erhöhen, jeder männliche Mongole wird vom 14. bis zum 60. Lebensjahr wehrdienstpflichtig. Zur Erhöhung der Wehrtauglichkeit darf u.a. «... kein guter Mongole häufiger als dreimal im Monat betrunken sein ..., auch soll er oft zu Pferde jagen, mit seinen Gefährten ringen und sich so für den Kriegsdienst üben.»

Zur persönlichen Verfügung Dschingis-Khans stellt man eine Elitedivision auf, bestehend aus 10 000 berittenen Bogenschützen, die zugleich die Offiziersschule des Heeres ist. Die Pfeilreiter (Meldereiter) bilden eine andere Spezialeinheit, aus der später der mongolische Postdienst hervorgeht.

Dieses auf Nomadentum begründete feudalistische Gefüge bedurfte einer ständigen Stimulation, wenn es nicht bald wieder zerfallen sollte. Sie bot sich im Handel mit den Nachbarn oder aber in deren militärischer Unterwerfung und Verpflichtung zu Tributzahlungen. In Frage kam vor allem das letztere, denn infolge des ständigen Kriegszustandes in den Steppengebieten be-

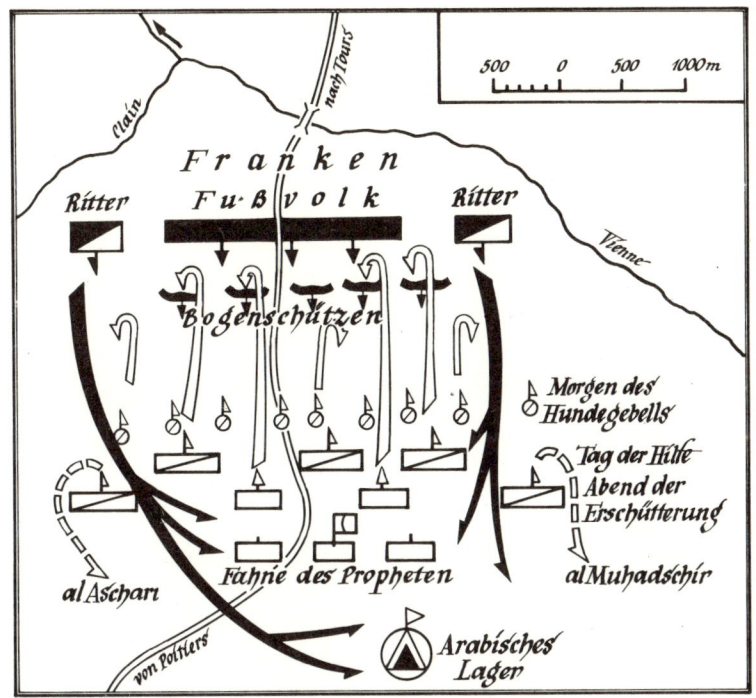

Manöver der Kavallerie in der Schlacht bei Poitiers 732
Beiderseitige Umfassung der arabischen Schlachtordnung während des Gegenangriffs
der fränkischen Reiterei in der zweiten Etappe der Schlacht
Zeichnung von H. Jürgens

standen für friedlichen Güteraustausch geringe Chancen.

Der erste mongolische Feldzug begann im Jahre 1207 und richtete sich gegen die nordchinesischen Gebiete der Tanguten. Im Kampf gegen deren befestigte Städte sammelten die Mongolen erste Erfahrungen im Belagerungskrieg. Sie besiegten die Tanguten und machten sie tributpflichtig.

Vom ersten großen Erfolg ermutigt, begann ein mongolisches Reiterheer in Stärke von etwa 100 000 Mann im Jahre 1211 gegen die weit mächtigeren Tungusen und ihre Hauptstadt, das heutige Peking, zu ziehen. Doch die Angegriffenen konnten ihr Land zwei Jahre lang erfolgreich verteidigen und stellten den Mongolen 350 000

Mann Fußtruppen und berittene Einheiten verbündeter Nomadenstämme entgegen. Die Taktik der Steppenreiter entschied aber auch diesen Feldzug zugunsten der Mongolen. In den Grenzgebirgen verleiteten sie tungusische Truppen durch einen vorgetäuschten panikartigen Rückzug zur Verfolgung, vernichteten Menschen und Pferde in einer kilometerlangen Schlucht und entblößten so den Verteidigungsring, der die chinesischen Ebenen schützte. Die Mongolen hatten auch weiterhin Glück. Nach mehreren vergeblichen Sturmangriffen auf die Pekinger Mauern erklärten sich die Verteidiger wegen Uneinigkeit in ihrer Führung als geschlagen. Zu ihren Tributleistungen gehörten 3000 der besten chinesischen Pferde.

Infolge neuer Feindseligkeiten im Jahre 1215 nahmen dann aber mongolische Truppen Peking im Sturmangriff und plünderten es. Als Vizekönig für das chinesische Nordostreich setzten sie einen mongolischen General ein. Dschingis-Khans Truppen hatten während der Tungusenkriege weitere Erfahrungen gesammelt. Eine davon war, daß Pfeile gegen die mächtigen Mauern der Städte wirkungslos blieben, eine andere, daß sie mit der leichten Bewaffnung der Pferdebogner gegen besser ausgerüstete Truppen auf die Dauer nicht bestehen konnten. Auch die gesamte Staatsverwaltung mußte auf ein höheres Niveau gebracht werden. Dschingis-Khan nahm

deshalb hohe chinesische Beamte als Berater an seinen Hof.

Auf militärischem Gebiet gliederten die Mongolen das Heer in leichte und schwere Kavallerie. Die schweren Reiter erhielten als Schutzausrüstung Helm und Schuppenpanzer und als Waffen Lanze und Schwert. Die leichten Reiter waren mit einem Wams bekleidet und mit zwei Bögen und zwei Sorten Pfeilen ausgestattet; die leichten Pfeile verwendeten sie zum Fernschuß, die schweren zum panzerdurchschlagenden Nahschuß. Manchmal trugen sie auch noch Wurfspieße und Krummsäbel. Die Bögen waren mit einer Zugkraft von etwa 50 bis 80 kg zu

Feldhauptmann mit Landsknechten zu Anfang des 16. Jh.
Nach einem Holzschnitt von H. Guldenmund

spannen, so daß Bogenschützen sehr kräftig sein mußten.

Die Reiterei bildete festgefügte taktische Einheiten unter einem straffen Kommando. Zehn Reiter bildeten einen Trupp, zehn Trupps eine Hundertschaft, zehn Hundertschaften eine Tausendschaft, zehn Tausendschaften eine Tuman; zwei oder drei Tumen operierten meistens als eine Kampfgruppe. Ein solches Heer mußte immer die Schlacht im offenen Gelände anstreben. Die Tumen ritten dann in breiter Front in Fünferreihe auf. In den ersten beiden Reihen standen die gepanzerten Lanzenreiter, hinter ihnen drei Reihen der leichten Bogenschützen. Zwischen den Hundertschaften blieben Lücken offen. Auf diese Art war die leichte Reiterei von den Schwergewappneten geschützt, konnte aber den angreifenden Gegner mit Pfeilhagel empfangen. Gab man das Signal zum Angriff, so öffneten sich die beiden vorderen Reihen nach rechts und links, und durch die Lücken galoppierte die erste Reihe der Bogenschützen und schoß Pfeile in die feindlichen Reihen. Dann schwenkten sie ab und schossen ihre Pfeile nach rückwärts, die nächste Reihe der Bogenschützen galoppierte nach vorn. War es notwendig, so griff auch die dritte Reihe der Bogenschützen an. Diesem Pfeilhagel vermochte kaum ein Gegner standzuhalten. Ein Bericht erzählt, daß die Männer wie Blätter im Herbststurm fielen. Während sich der frontale Angriff entwickelte, erfaßten andere Hundertschaften den Gegner in den Flanken. So sturmreif gemacht, griffen ihn dann die Lanzenreiter an und beendeten die Schlacht mit seiner Vernichtung.

Jeder Befehlshaber verfügte über Winker, die am Tage Flaggen, bei Nacht Laternen und flammende Pfeile verwendeten. Stets hielt man eine starke Reserve zurück. Kommandierte Dschingis-Khan die Schlacht, so bildete seine Leibgarde diese Reserve.

Zur mongolischen Armee gehörten ebenfalls

Pionierkorps und Artillerietrupps mit Schleudermaschinen.

Im Jahre 1218 ist der erste Feldzug, dem Hilfeersuchen eines unterdrückten Turkstammes folgend, nach Westen gerichtet. General Dschebe vertreibt mit zwei Tumen Reiterei die Unterdrücker. Nun grenzt das Mongolenreich im Westen an das mächtige Reich Choresm, das zu dieser Zeit die Gebiete zwischen dem Syrdarja und dem Euphrat einschließt. Die Hauptstadt ist Urgentsch in der Nähe des Aralsees. Dschingis-Khan versucht, friedliche Beziehungen zum Choresm-Schah Muhammad II. anzuknüpfen. Doch Intrigen auf der Gegenseite verhindern das,

Berittener Landsknecht
Nach einem Holzschnitt des 16. Jh.

und mit Geschenken sowie mit Handelsgütern nach Urgentsch geschickte mongolische Karawanen läßt der Statthalter von Otrar plündern und die Begleitmannschaften erschlagen. Auch die mongolische Gesandtschaft in Stärke von 100 Mann, die diesen Vorgang klären soll, wird in Choresm niedergemetzelt.

Unter der obersten Leitung von Dschingis-Khan beginnt deshalb im Herbst des Jahres 1219 der Feldzug gegen Choresm. Das Mongolenheer ist insgesamt 15 Kavallerietumen stark, es operiert in drei Heeressäulen. Auf der Gegenseite stehen in langer Front die Krieger unter Schah Muhammad II. längst des Syrdarja. Zur Verteidigung der Städte Buchara und Samarkand aber setzt er seine Hauptkräfte ein und mobilisiert außerdem alle Einwohner.

Führung und Truppen der Mongolen vollbringen während dieses Feldzuges eine in der Geschichte der Nomadenvölker einzigartige militärische Leistung. In einer verwegenen Aktion übersteigen zwei Tumen Kavallerie unter General Dschebe, aus dem Tarimbecken kommend, im Winter 1219/1220 die zwischen 3000 und 4000 m hohen, tief verschneiten und vereisten Pässe des Pamirgebirges, gelangen so in das Ferganabekken und in den Rücken der Truppen Muhammads. Im Frühjahr des Jahres 1220 durchstößt die Hauptmacht des mongolischen Heeres die gegnerischen Linien am Syrdarja und marschiert auf Samarkand, so entsteht eine große Zange. Mit der dritten Heeresgruppe zieht Dschingis-Khan selbst gegen Otrar (nahe Kzyl-Orda), den Ausgangspunkt des Krieges, läßt es zerstören, wendet sich dann, quer durch die Wüste Kysylkum marschierend, gegen Buchara, das nach kurzem Kampf kapituliert. Nun vereinigen sich alle mongolischen Truppen vor Samarkand und stürmen die Stadt nach einer kurzen Belagerung. Zwei mongolische Tumen unter dem Kommando der Generale Subotej und Dschebe folgen dem fliehenden Schah und gelangen südlich ums Kaspische Meer über den Kaukasus bis in die Schwarzmeergebiete nahe Kiew. Dort bekommen sie zum ersten Male eine Vorstellung von den Ländern Europas. Sie können auch die notwendigen Kenntnisse sammeln, die ihnen zwei Jahrzehnte später das Vordringen bis auf den Balkan ermöglichen. Aber schon im Jahre 1222 unterwerfen sich die nördlich des Kaukasus nomadisierenden Türkenstämme.

In der Nähe des Asowschen Meeres stellt sich Dschebes Truppen eine russische Streitmacht in Stärke von etwa 90 000 Mann entgegen, die aber infolge des Haders zwischen den russischen Fürsten von den Mongolen mit der üblichen Taktik des vorgetäuschten Rückzuges zerschlagen wird.

Die Kampfhandlungen in den türkisch/persischen Gebieten nehmen indessen im Winter 1220/1221 an Heftigkeit zu. Beide Seiten kämpfen mit äußerster Härte und allen erdenklichen Listen. Den Mongolen gelingt es, noch 1220 Urgentsch und Chodschent zu erobern und 1221 Balch, Herat, Merw und andere Städte zu nehmen. Von mongolischen Vögten und muslimischen Beamten werden sie dann gemeinsam verwaltet, da den Reiternomaden noch jegliche Erfahrung fehlte. Ein großer Teil der Einwohnerschaft soll bei den Kämpfen umgekommen sein, und von manchen Ortschaften blieb nur noch Schutt und Asche übrig.

Von diesen Ereignissen existieren recht widerspruchsvolle Überlieferungen, und es bedarf noch intensiver Forschung, um zu realistischen Erkenntnissen zu gelangen. Allerdings wird in der Kriegsgeschichte des öfteren von einer Ausartung des Kampfgeschehens in Grausamkeiten und Exzesse berichtet. Das kam vor allem dann vor, wenn sich Gegner aus Gesellschaftsformationen mit unterschiedlicher Entwicklungsstufe gegenüberstanden, also andere Produktionsweisen, Kulturen und Religionen aufeinanderstießen. So werden solche Vorfälle aus den Schweizer Unabhängigkeitskriegen gegen die Habsburger und Burgunder im 14. und 15. Jh. berichtet.

Die Schweizer erschlugen alle Gefangenen oder machten erst gar keine. Eine derartige Handlungsweise stand aber im krassen Gegensatz zum Sittenkodex der Steppenvölker. Kam es während der Mongolenkriege trotzdem zu Ausschreitungen und Grausamkeiten, so sind sie nur aus den Verhältnissen der Zeit zu erklären bzw. an ihnen zu messen. Damals galt zumindest im orientalischen Raum die Blutrache, und Wortbruch und Untreue ahndete man mit dem Tode. Weiterhin waren Frauen-, Sklaven- oder Viehraub nichts Außergewöhnliches, hier aber verschärft durch den Gegensatz unterschiedlicher Gesellschaftsformationen. Überlieferte Zahlen von jenen Ereignissen sollte man zumindest mit Vorbehalt entgegennehmen. Denn die meisten schriftlichen Bezeugungen sind mit großer Parteilichkeit verfaßt. Sie dienen in oft maßloser Übertreibung der Glorifizierung der eigenen Herrscher und der Verteufelung des Gegners.

Als fast sämtliche Gebiete im persischen Raum der mongolischen Oberhoheit unterworfen sind, zieht die Hauptstreitmacht des Heeres wieder in die eigentliche Mongolei zurück, um einen Feldzug gegen China vorzubereiten. Doch 1227 stirbt Dschingis-Khan nach einem Unfall. Nachfolger wird sein Sohn Ögedei, der als Chakhan getreu die Politik seines Vaters fortsetzt.

Er richtet im Jahre 1233 seinen ersten Feldzug gegen das sich auflehnende Nordchina. Die erfolgreichen mongolischen Truppen gelangen im Verlaufe von zwei Jahrzehnten bis Hantschou und Kanton. Im Jahre 1236 wird auch die erste Hauptstadt des Mongolenreiches, Karakorum, eingeweiht. Es ist die erste aus Stein und Mörtel erbaute Stadt des Nomadenvolkes.

Zehn Jahre nach Dschingis-Khans Tod beginnt der von Subotej ausgekundschaftete Feldzug nach Osteuropa. Ausgangsbasis sind die Steppengebiete südlich des Urals. Oberster Heerführer ist Batu, ein Enkel Dschingis', einer der Generale ist Subotej.

Der strategische Plan war, mit Hilfe der türkischen Vasallen die in den russischen Gebieten im Winter zugefrorenen Flüsse zu überschreiten, den russischen Widerstand durch Eroberung der großen Städte zu brechen, die pannonische Ebene zu besetzen und von dort aus weiter nach Nordwesten vorzustoßen. Die Gesamtstärke dieses mongolischen Heeres betrug 15 Tumen Reiterei, dazu kamen noch Pioniertrupps und Artilleristen mit schweren Schleudermaschinen. Einschließlich der Troß- und Ersatzpferde benötigte man für diesen Feldzug etwa 400 000 bis 500 000 Pferde. Der Feldzug verlief nach Plan, und die großen russischen Städte wurden trotz zähesten Widerstands innerhalb von vier Jahren erobert, denn niemand kam ihnen aus Europa zu Hilfe.

Die Hauptstreitmacht des mongolischen Heeres marschierte dann auf Budapest, eine Stoßgruppe aber unter Prinz Kajdan überschritt die Weichsel, nahm Krakau und Breslau, um so möglicherweise aus dem Norden nach Ungarn eilenden feindlichen Hilfstruppen den Weg zu verlegen. Dieser Kampfgruppe stellte sich im Jahre 1241 ein Ritterheer unter dem Herzog von Schlesien, zu dem auch deutsche und polnische Fußtruppen gehörten, bei Wahlstatt in der Nähe von Liegnitz entgegen.

Das Heer der Verbündeten fällt auf die Taktik des vorgetäuschten Rückzuges herein, und als sich die Verbände der gepanzerten Ritter zur Verfolgung des Gegners auflockern, wenden die Bogenschützen plötzlich, greifen in präziser Schlachtordnung an und schießen ihre schweren Pfeile in die Ritterpanzer. Die mongolischen Lanzenreiter vernichten alle, die nicht mehr flüchten können.

Währenddessen zieht das Gros des mongolischen Heeres in Eilmärschen auf Budapest zu. Hier hat der Ungarnkönig etwa 100 000 Mann zur Verteidigung aufgeboten, denen auch Streiter aus

anderen Ländern zu Hilfe gekommen sind. Doch die Mongolen vermeiden die Belagerung, umgehen Budapest, entschließen sich scheinbar zum Rückzug und locken die Verteidiger aus den Mauern. Dann, nach sechs Tagen, kehrt sich die mongolische Reiterei im Gebiet von Tokay gegen ihre Verfolger, umzingelt diese so, daß ihnen gerade noch ein Durchschlupf zum Rückzug bleibt, und vernichtet den größten Teil der sich auflösenden zurückgehenden Formationen. Auf ungarischer Seite sollen etwa 70 000 Mann gefallen sein.

Budapest wird geplündert, und mongolische Reiter dringen bis an die Adria und bis in die Wiener Neustadt vor.

Im Jahre 1242 stirbt Ögedei. Die Regelung der Herrschernachfolge wird für die Mongolen wichtiger als weitere Eroberungen. Innerhalb weniger Monate ziehen die Reiterarmeen nach Osten ab. Das südliche Rußland bleibt für die folgenden 200 Jahre als Lehen unter der Herrschaft der mongolisch-türkischen Goldenen Horde zurück.

In Europa suchten weltliche und geistliche Herrscher nach Erklärungen für die bewiesene Ohnmacht gegenüber den mongolischen Reiterarmeen. Sie wollten sie nicht in der allerorts existierenden feudalen Zersplitterung, nicht in den diplomatischen und kriegerischen Raubzügen gegeneinander, auch nicht im Dogmatismus der katholischen Kirche sehen. Man verbreitete vielmehr die Greuelmär vom mongolischen unverwundbaren Räuberriesen, der rohes Menschenfleisch frißt und besonders das von jungen Mädchen bevorzugt; der auf elefantenartigen Pferden reitet, die die Vegetation vernichten und in unübersehbaren Massen das Land überschwemmen.

Tatsächlich waren die Mannschaftsstärken der Gegner in den entscheidenden Kämpfen ziemlich gleich, nur waren die mongolischen Krieger taktisch geschulter und wendiger als die schwerfälligen Ritter und ihr Fußvolk.

Das wußten die Kirchenfürsten dieser Zeit, entgegen der von ihnen verbreiteten Propaganda, sehr gut. Von der Kampfkraft der mongolischen Heere überzeugt, versuchten sie, diese als Verbündete zur Unterstützung der Kreuzfahrer im Kampf gegen die Muslime zu gewinnen. Mit solcher Mission wurde im Jahre 1246 von Papst Inozenz IV. der Franziskanermönch Johann von Plano Carpini beauftragt. Der gelangte bis Karakorum, erhielt jedoch nicht die gewünschte Zusage und mußte ohne Erfolg nach Italien zurückkehren.

Mehrere Todesfälle in der Herrscherfamilie führen zum Thronwechsel in Karakorum, und unbeabsichtigt erhalten die Kreuzfahrer Hilfe, als mongolische Herrscher die Südwestprovinzen bedroht sehen, 1258 Bagdad zerstören und das Kalifat beseitigen. Ein mongolisches Heer wendet sich anschließend nach Norden, erobert Gebiete Syriens, und hier schließen sich ihm zahlreiche Kreuzritter an. Gemeinsam erobern und plündern sie Aleppo und andere Städte und ziehen dann gegen Damaskus und Jerusalem. 1260 stellen sich ihnen ägyptische Truppen im Jordantal entgegen und besiegen sie im ersten Zusammentreffen.

In der zweiten Hälfte des 13. Jh. erlangt das mongolische Reich seine größte Ausdehnung. Kaiser Khubilai regiert den riesigen Staat von Peking aus. Die bestens durchorganisierte Postreiterei bildet als Nachrichtendienst die Grundlage der straffen Administration.

Reiter gegen im Gevierthaufen kämpfende Pikeniere zu Anfang des 16. Jh.
Nach einem Basrelief des Grabmals Franz' I.

Im ganzen Reich existieren an allen wichtigen Straßen und Karawanenwegen etwa alle 50 Kilometer Poststationen mit Herbergen, insgesamt sind es um die 10000. Sie halten bis zu mehrere hundert Pferde in Reserve, die den Reisenden die schnelle Weiterbeförderung ermöglichen. Reitende Eilboten, gegen die Erschütterungen des Reitens mit Leder bandagiert, legen an einem Tage mit mehrmaligem Pferdewechsel bis zu 500 Kilometer zurück. Sehr niedrige Abgaben fördern den Handel, Reiterpatrouillen der Armee sorgen für die Sicherheit der Handelswege, Handwerk, Wissenschaften und Künste werden gefördert. Schneller, aber einseitiger wirtschaftlicher Aufschwung und allgemeine Ordnung kennzeichnen diese Periode des Mongolenreiches, das sich vom Dnepr bis an das Gelbe Meer, vom Baikalsee bis an den Golf von Tonking erstreckt.

Das Riesenreich geriet jedoch bald in unlösbare Widersprüche, und zur Zeit seiner größten Machtausdehnung hatte auch schon der Zerfall eingesetzt.

Der mongolische Iran machte sich selbständig. China befreite sich in der Mitte des 14. Jh. Im Westen nahm der türkische Einfluß im Reich der Goldenen Horde zu.

Als im 16. Jh. russische Zaren und Fürsten die Kolonisierung Sibiriens veranlaßten, wollten mongolische Pferdebogner das Land gegen Soldaten verteidigen, die mit Musketen bewaffnet waren. Im Gefecht am Irtysch im Jahre 1582 hatten mongolische Reiterregimenter gegen Kosakeninfanterie keine Chancen mehr, sie wurden mit Musketen zusammengeschossen, ohne daß sie sich ernsthaft zur Wehr setzen konnten. Die stürmisch voranschreitende technische Entwicklung in Europa hatte die Nomaden nicht berührt. Hier endet die dreitausendjährige Geschichte der Armeen der Steppenvölker Eurasiens, die mit dem Aufbruch der Churriter und der Streitwageninvasion der Hyksos begann.

Die von ihnen entwickelte militärische Taktik der Reiterei kennzeichnen drei Merkmale:
– Den zahlenmäßig gleich starken oder schwächeren Gegner greift man frontal in mehreren Wellen an und beschießt ihn mit Pfeilen; dann gehen einige Abteilungen zur allmählichen Umklammerung des Gegners vor. Fühlt sich dieser unterlegen, so versucht er, der Umfassung zu entgehen, löst die Schlachtordnung auf und zieht sich durch die absichtlich nicht geschlossene Lücke zurück. Nun sind seine zerstreuten Formationen anzugreifen und zu vernichten.
– Dem zahlenmäßig überlegenen Gegner täuscht man nach einem Angriff den überhasteten Rückzug vor. Die Schlachtordnung des Gegners löst sich zur Verfolgung auf. Haben sich feindliche Abteilungen weit genug voneinander entfernt, greift man sie an und vernichtet sie.

Oft gelang es den Mongolen, sehr überlegenen Gegnern eine große Mannschaftsstärke vorzutäuschen, indem sie Puppen auf die recht zahlreich mitgeführten Reservepferde setzten. Außerdem ritten während langer Märsche Kampfabteilungen parallel zueinander, deckten sich gegenseitig die Flanken und machten den Eindruck größerer Heeresverbände.
– Müssen befestigte Städte oder andere Verteidigungsanlagen bekämpft werden, so versucht man die Verteidiger auszuhungern oder täuscht ihnen den Rückzug vor, um sie zum Verlassen der Festungen sowie zur Verfolgung zu veranlassen und dann in einer Feldschlacht zu vernichten.

Stehen mauerbrechende Waffen zur Verfügung, so stürmt man nach einer kurzen Belagerung. Längere Zeit währende Belagerungen brachten die Reiterarmeen jedoch immer in Schwierigkeiten, und es wurden deshalb selbst größere Verluste in Kauf genommen, wenn man die Belagerungszeit abkürzen konnte. Dazu zwangen die hohen Pferdebestände, denn zwei Tumen brauchten täglich rund 600 ha Weidefläche, um die Tiere bei Kräften halten zu können.

VON DEN HUSSITEN BIS ZU DEN BUDJONNYREITERN

Mit dem 13. Jh. kam es zu stärkeren wirtschaftlichen Verbindungen zwischen den meisten Gebieten Europas. In zunehmendem Maße beeinflußten die Städte die Politik und die wirtschaftliche Entwicklung. Unter Obhut der Feudalherren waren sie auch nördlich der Alpen an den Knotenpunkten der Handelswege, im Schutze der Burgen und der Bischofssitze sowie aus den ehemaligen Römerbefestigungen entstanden. – Das wachsende Selbstbewußtsein der Städter äußerte sich in Forderungen nach Selbstverwaltung. Die Stadtbevölkerung erkaufte sie mit finanziellen Ablösungen vom Feudalherrn oder errang sie in militärischen Auseinandersetzungen. Viele Städte unterstanden danach unmittelbar der Zentralgewalt. Zünfte der Handwerker und Gilden der Kaufleute waren die Grundlage für die militärische Organisation der Stadt: die Bürgerwehr. Gewerbliche Fuhrunternehmer transportierten die ersten Kanonen und Büchsenmeister, Stückknechte und Feuerwerker bedienten sie.

Die Kreuzzüge brachten vor allem den Kaufleuten Vorteile. Orientalische Waren gelangten über Genua, Venedig und Mailand in das übrige Europa. Dort entstanden Handelszentren im Westen in Flandern, im Osten in Pskow und Nowgorod, an der Ost- und Nordsee sowie im Rheinland. Die von arabischen Völkern übernommenen Verfahren zur Glasherstellung, zur Papierfabrikation und zur Seidenraupenzucht fanden rasch Verbreitung.

Kurz nach den mongolischen Feldzügen im Iran Mitte des 13. Jh. wurde auch in Europa das Schießpulver bekannt. Handwerker bauten die ersten Pistolen und Musketen. Der Umgang mit diesen Handfeuerwaffen war jedoch sehr beschwerlich, und es bedurfte noch einiger Jahrhunderte, bis sie in ihrer Wirkung Bogen und Armbrust übertrafen.

Bündnisse zwischen den Städten, die im 14. und 15. Jh. mit den Anfängen des Frühkapitalismus verstärkt einsetzenden nationalen und sozialen Bewegungen, zogen auch Veränderungen im Militärwesen nach sich. Zunächst bildete man aus dem Fußvolk neue taktische Körper.

Die Veränderungen vollzogen sich in den europäischen Ländern zu recht unterschiedlichen Zeiten, und nur die progressivsten Staaten konnten ihren Nutzen daraus ziehen.

In der Schweiz entstand am Ende des 13. Jh. die Unabhängigkeitsbewegung gegen die Habsburger. Aus Bürgern und Bauern stellten die Kan-

Die Vignette zeigt einen Offizier der Jäger zu Pferde
des Lützowschen Freikorps

tone Schwyz, Uri und Unterwalden schlagkräftiges, leichtes Fußvolk auf. Die Ausrüstung bestand zunächst aus Hellebarden (Äxte mit Spitze und meterlangem Stiel, Stich- und Hiebwaffe), später auch aus Spießen. Bei Moorgarten siegte im Jahre 1315 zum erstenmal wieder gut organisiertes Fußvolk über ein Ritterheer, indem es sehr geschickt die Gegebenheiten des Geländes ausnutzte.

In den folgenden Kriegen gegen die Habsburger und Burgunder (Schlachten bei Laupen, Sempach, Murten und Nancy) nehmen die Fußtruppen der Schweizer stets als festgefügte taktische Einheiten, die aus Vorhut, Hauptmacht und Nachhut bestehen, den Kampf auf. Die Soldaten sind in Gevierthaufen aufgestellt. In den vorderen Reihen und an den Flanken tragen sie Helm, Brustpanzer und lange Spieße, die hinteren und inneren sind ohne Schutzausrüstung und mit Hellebarden bewaffnet. Die Soldaten ergänzen sich in dieser Weise vorzüglich, indem die Spießer den Angriff der Ritter stoppen, sie isolieren und verwunden, die Hellebardiere die Ritterrüstungen dann mit den schweren Hiebwaffen durchschlagen. So siegen sie in allen genannten Treffen.

Flämisches Fußvolk fügt französischen Rittern auf ähnliche Art hohe Verluste zu.

Auch im Verlaufe des Hundertjährigen Krieges zwischen Frankreich und England (1337–1453) mußten die französischen Ritterscharen in den Schlachten bei Crecy (1346) und bei Poitiers (1356) empfindliche Niederlagen hinnehmen, die ihnen gut bezahltes und gedrilltes englisches Fußvolk bereiteten.

Die feudale Ritterschaft erfocht allerdings noch einen bedeutenden Sieg, als sie die Fußtruppen des schwäbisch/rheinischen Städtebundes in der Schlacht bei Worms im Jahre 1388 schlug. Doch das war die Ausnahme. Im Prinzip konnten die Ritter nicht mehr gegen das taktisch geschulte Fußvolk bestehen. In manchen Ländern nahm

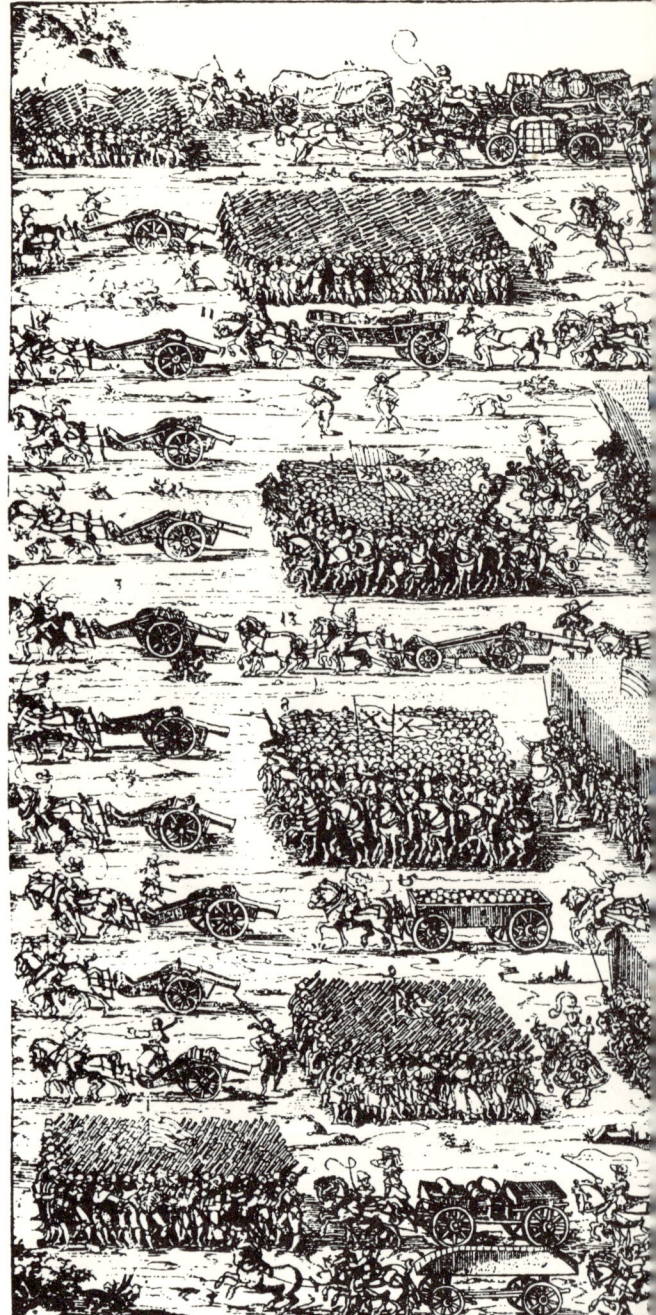

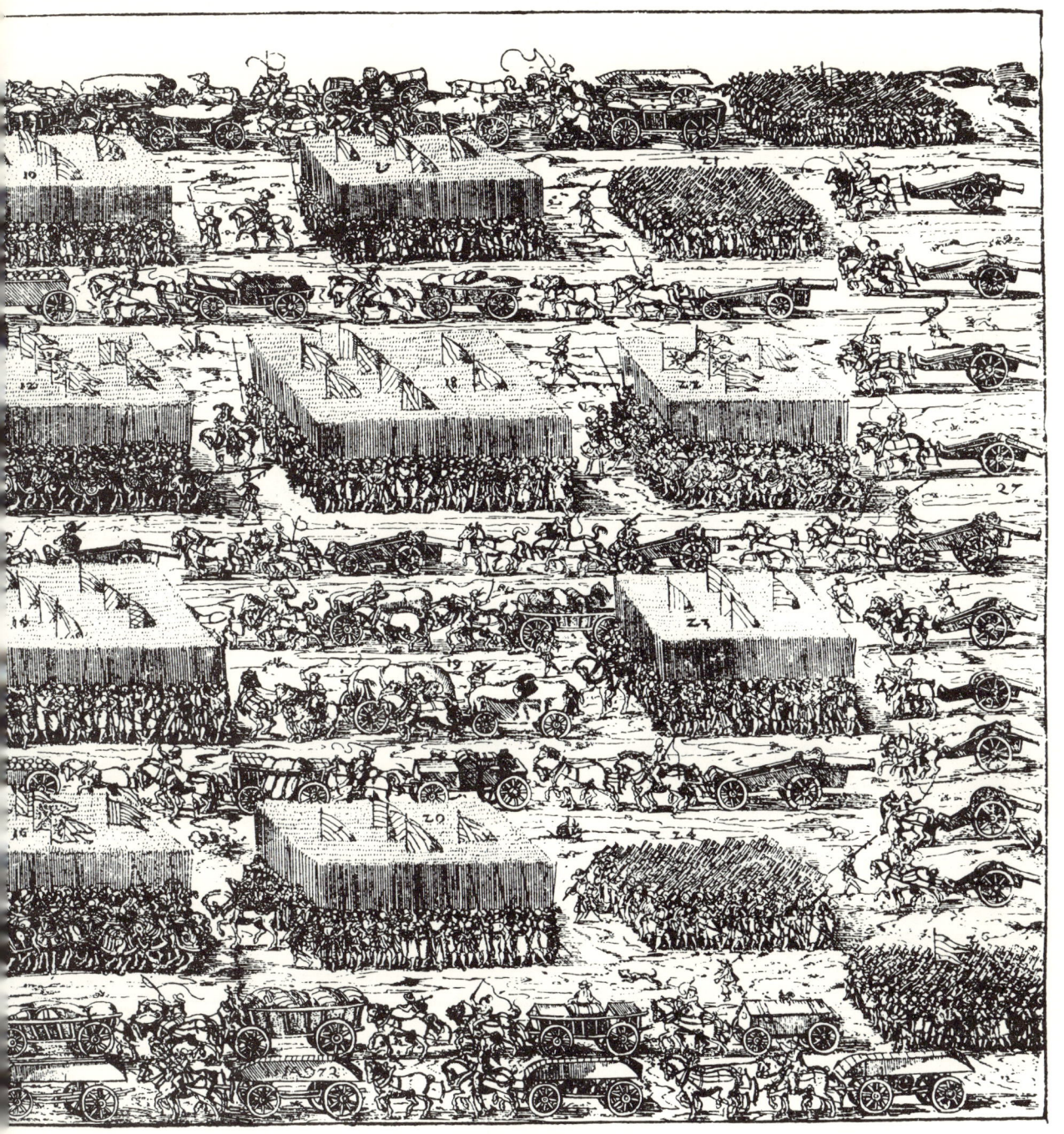

Truppenzug um 1572
Nach einem Stich von J. Amman

man auch wieder Söldner in größerer Anzahl ins Fußvolk auf. Gegen diese Berufssoldaten hatten Ritter noch weniger Chancen, so daß sie allmählich vom Schlachtfeld verschwanden.

Die Tschechen entwickelten in den Kriegen gegen Kaiser und Papst (Hussitenkriege 1420–31) eine ganz spezielle Form des Kampfes, und die gegen sie aufgebotenen Ritterscharen mußten eine Niederlage nach der anderen hinnehmen. Die Führer der Hussitenbewegung schulten Bauern und Bürger als Fußtruppen, vor allem aber war es die Taktik des Kampfes mit der Wagenburg, die ihnen die Überlegenheit über die Ritter sicherte. Anfangs fuhr man einfache Bauernkarren zum Kreisbogen auf und bombardierte von oben herab die Angreifer mit Steinen oder hieb und stach mit blanken Waffen auf sie ein.

Im Verlaufe des Krieges wird diese Taktik so vervollkommnet, daß Ritter die Wagenburg nicht mehr stürmen können. Es werden eigens für diesen Zweck aus starken Bohlen zweiachsige Kriegswagen, von vier Pferden gezogen, gebaut. In Nähe des Feindes fahren sie meist zur Doppelreihe im Kreis auf. Dann spannt man die Pferde aus und schiebt die Wagen zur Burgbildung so dicht zusammen, daß sich die Deichsel des hinteren völlig unter dem vorderen Wagen befindet, und verkettet sie. Unter dem Wagen sind außerdem starke Bohlen befestigt, damit feindliche Fußsoldaten nicht durchkriechen können. Nach Möglichkeit wird die Wagenburg auf einer Anhöhe errichtet und manchmal von außen auch noch mit einem Erdwall umgeben. Zehn Mann bilden die kämpfende Wagenbesatzung. Zwischen den Wagen sind auch auf einfachen Karren Kanonenrohre starr befestigt.

Nach den Hussitenkriegen verwendete kein europäisches Heer mehr die Wagenburg, nur bei den kolonialen Eroberungen in Übersee blieb sie in Gebrauch. So schlugen im 19. Jh. im Kapland vordringende Buren die sich gegen sie stellenden

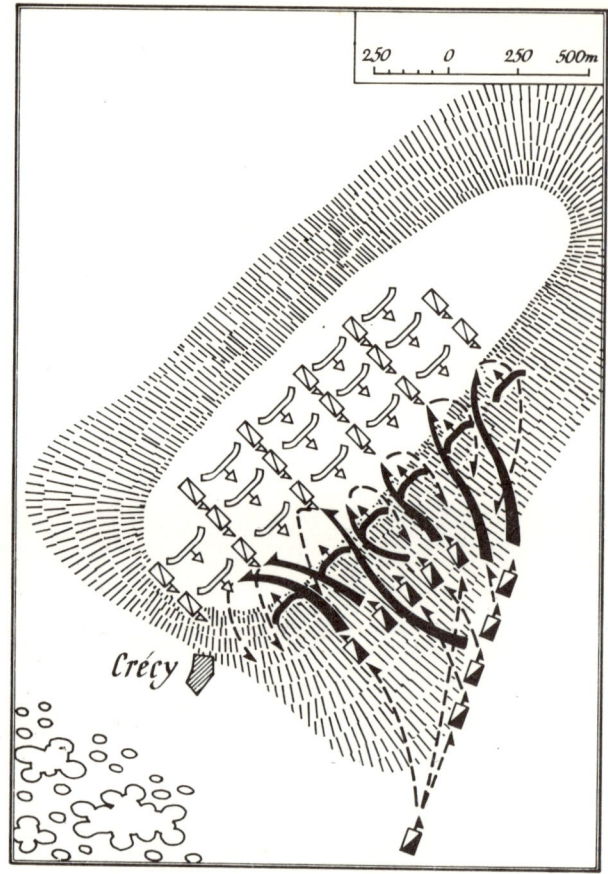

Manöver der Kavallerie in der Schlacht bei Crécy 1346
Die französischen Ritter unterliegen nach sechzehn vereinzelten Attacken den von einer Höhe herab handelnden englischen Bogenschützen deshalb, weil sie diese weder gleichzeitig noch an der ganzen Front angegriffen hatten, wodurch ihre zahlenmäßige Überlegenheit und kavalleristische Stoßkraft aus der Bewegung hätten zur Geltung kommen können
Zeichnung von H. Jürgens

Zulus im Jahre 1838 am Ihome Fluß (Bloodriver) aus einer mit leichten und schweren Feuerwaffen bestückten Wagenburg. Die Zulus hatten gegen die Buren 12000 Krieger aufgeboten, doch sie konnten mit ihren Speeren und Keulen die Wagenburg nicht erstürmen, und als über drei-

78

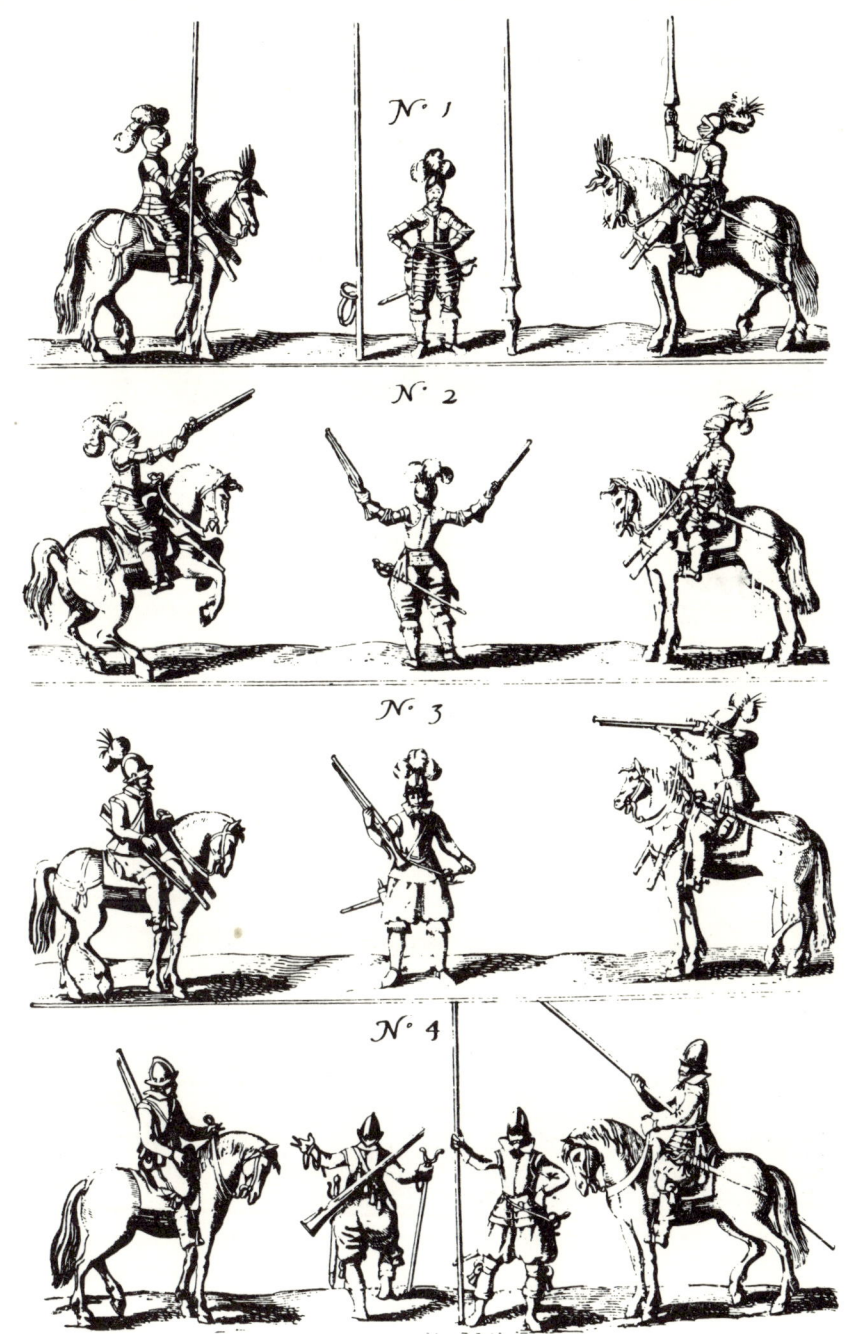

Die vier Arten der Kavallerie
1 Lanzierer 2 Kürassier 3 Harquebusierer 4 Dragoner (links Dragoner-Musketier, rechts Dragoner-Pikenier)
Nach Wallhausen, Art militaire à cheval, 1621

Übungen
I–IV Kürassier gegen Kürassier   V Lanzierer gegen Kürassier
VI Kürassier gegen Harquebusierer   VII Kürassier gegen Musketier   IIX Kürassier gegen Pikenier
Nach Dilichius, Kriegsschule, 1636

Kürassier des 17. Jh.
Nach Wallhausen, Art militaire à cheval, 1621

tausend von ihnen tot auf dem Schlachtfeld lagen, zogen sie sich in unwirtliche Gebiete zurück. Die Buren aber nahmen die fruchtbaren Siedlungsgebiete in Besitz und gründeten die Republik Natal. –

Die Franzosen ersetzten die Ritter im 15. Jh. wieder durch leichte und schwere Kavallerie. Unter Karl VII. wurde sie als stehendes Heer formiert, die schwere Reiterei bestand im Jahre 1445 aus 9000 Mann. Unter Karl VIII. bekam das Militärpferd eine weitere Funktion. Die neu geschaffene Waffengattung Feldartillerie benötigte es als Zugkraft. Zu dieser Zeit erfand man im spanischen Heer die langläufige Muskete, die von einem Gestell abgefeuert wurde. Die Musketenkugeln durchschlugen die Harnische der schweren Reiter und auch die Schutzbekleidung der Pferde. Musketiere waren mit einem Anteil von 3 Prozent der Infanterie schon entscheidend für den Ausgang der Schlacht bei Pavia 1525, als die Spanier die Schlachtordnung der französischen schweren Reiterei auseinanderschossen.

Dieses Geschehnis bewog die Holländer, das Fußvolk des Heeres nach und nach mit Musketen auszustatten, und 70 Jahre nach den Ereignissen von Pavia besaßen 30 Prozent des Fußvolkes Musketen. An der Wende vom 16. zum 17. Jh. wurde das holländische Heer reformiert. Sein Feldherr, Prinz Moritz von Oranien-Nassau, rüstete auch die Reiterei neu und wesentlich leichter aus; Helm, Küraß, Handschuhe, lange Stiefel waren die Schutz-, Schwert und langläufige Pistole die Trutzwaffen. Der Kürassier der Neuzeit war geschaffen. Die neue Art Kavallerie bewährte sich bestens, da sie wendiger als die schwere Lanzenreiterei war. Spanien und Frankreich folgten deshalb bald dem holländischen Vorbild.

Der französische leichte Kavallerist erhielt überhaupt keine Schutzausrüstung mehr. Er wurde mit Säbel und Muskete (später Karabiner) bewaffnet und hatte mit dem Säbel als Kavallerist

oder abgesessen mit der Schußwaffe als Infanterist zu kämpfen. So entstand der moderne Dragoner. Dieser Kavallerieart maß man in den folgenden Jahrhunderten eine sehr unterschiedliche Bedeutung bei, und sie bewährte sich auch mit wechselndem Erfolg, so daß sie zeitweilig aus manchen Heeren verschwand, dann aber wieder stark forciert wurde, ganz abhängig von der vorherrschenden Gefechtstaktik in der jeweiligen Epoche.

Von Südosteuropa aus wurde noch eine andere Art der Kavallerie populär: die Husaren. Ab Mitte des 15. Jh. stellten die Ungarn Husaren als leichte Kavallerie auf. Je 20 selbständige Besitzungen hatten einen Berittenen aufzubieten, daher der Name, ung. husz = 20 und ar = Preis. Sein schmucker Uniformrock, der Dolman, ist aus der ungarischen Nationaltracht hervorgegangen. Er kämpfte mit leichter Lanze und Säbel.

Im kontinentalen Europa hielt man im 17. und 18. Jh. die Handfeuerwaffen für die wirksamste Ausrüstung der Kavallerie, legte vorrangig Wert auf die Schießausbildung und vernachlässigte das Reiten. Das minderte die Beweglichkeit und die Wirksamkeit der Reiterei. Als erster Heerführer beseitigte König Gustav Adolf von Schweden im Dreißigjährigen Krieg (1618–1648) diesen Nachteil: Sein Heer bestand zeitweilig zu mehr als einem Drittel aus Reiterei. Sie wurde geschult, den Gegner mit blankem Säbel in der Attacke anzugreifen, und konnte darauf ihre Erfolge begründen.

Die Reformen in der Reiterei erforderten auch andere Eigenschaften vom Militärpferd. An Stelle des schweren ritterlichen Streitrosses und seines bequemen Reisepferdes benötigte die Kavallerie ein universell verwendbares mittelschweres Pferd. Es mußte über geeignete Gangarten wie Trab und Galopp verfügen und ein so ruhiges Temperament haben, daß es im Donner und Pulverdampf der Feuerwaffen nicht die Nerven verlor.

Auch Wirtschaft und Wissenschaft hatten der Erfüllung der militärischen Forderungen zu dienen. Später weltbekannte Gestüte entstanden. So im Jahre 1562 das Gestüt Frederiksborg in Dänemark und im Jahre 1580 das Gestüt Lipizza östlich von Triest. Sie leisteten einen wesentlichen Beitrag zur Zucht des universell verwendbaren Militärpferdes.

Auch wichtige Bücher werden herausgegeben, die die Zucht, Haltung und Ausbildung der Pferde, aber auch die Schulung des Reiters beschreiben. Im Jahre 1550 erscheint in Neapel Federico Grisos Buch «ordini di cavalcare» – die Reitregeln. Im deutschen Sprachgebiet werden im Jahre 1577 von Marxen Fuggern «Von der Gestüterey», im Jahre 1588 von Georg E. Löhneysen «Zäumungslehre» und 1609 seine «Neu-eröffnete Hof-, Kriegs- und Reitschule» veröffentlicht.

In Frankreich kommen im Jahre 1626 «Le Maneige Royal – Die Königliche Reitschule deß Herrn von Pluvinel Königl. Maiestat Obersten Stalm.» und im Jahre 1733 von F.R. de la Guérniê «Ecole de Cavalerie» heraus. Die Grundlage der höfischen und militärischen Reitkunst bilden vor allem die beiden französischen Werke. Auf «Ecole de Cavalerie» baut die Wiener Hofreitschule auf, und viele der gegebenen Empfehlungen sind später in allen Kavallerie-Reglements Europas enthalten.

Aus den Lehren des Meisters Pluvinel sei im folgenden kurz berichtet, wie man im 17. Jh. Reiter und Pferd auf den Dienst in der Kavallerie vorbereitete. Der Reitschüler soll zunächst die wichtigsten Lehren vom Pferd und von der Reitkunst theoretisch vermittelt bekommen, bevor er das Pferd besteigt. Der praktische Unterricht beginnt mit einfachen Übungen wie richtiges Aufsitzen und Sitzen (heute noch methodisch für jede gute Reitschule gültig). Auch für diese Epoche ist der gestreckte Sitz des Reiters typisch, der sein Gleichgewicht beim Dreinschlagen und Stechen gewährleisten soll. Meister Pluvinel erfand zur Dressur des Pferdes die Pilaren, und meistens hatte auch der Reitschüler Sitz- und Gleichgewichtsübungen auf dem an den Pilaren stehenden Pferd zu machen. Zum Schießen saß der Reiter vom Pferd ab.

Gründlich muß auch das Militärpferd ausgebildet sein. Pferde, ihrer Natur nach Fluchttiere, reagieren empfindlich auf starke Geräusche und versuchen davonzustürmen. Sie lassen sich in systematischer Schulung aber allmählich an solche gewöhnen, auch an das Getöse beim Abfeuern der Schußwaffen. Zunächst bilden immer zwei Personen das Pferd in einer ihm vertrauten Umgebung (Stallnähe) aus. Erst später wird es im unbekannten Gelände mit Knall und Pulverdampf konfrontiert und dann allmählich in Gruppen geschult.

Die größere Beweglichkeit der neuen Reiterei gegenüber den Ritterformationen führte im 17. Jh. zur Änderung der Schlachtordnung. Während die Ritter (auch die cataphracti) immer das Zentrum bildeten, stellte man nunmehr die Kavallerie wieder an den Flügeln auf und hielt größere Einheiten in Reserve, um sie, wenn notwendig, als kampfentscheidend in die Schlacht zu werfen.

Wichtige Veränderungen gab es in der preußischen Kavallerie, nachdem sie im ersten Schlesischen Krieg bei Mollwitz 1741 trotz des für die Preußen erfolgreichen Schlachtausganges eine empfindliche Niederlage einstecken mußte. Bereits ein Jahr nach Mollwitz erließ Friedrich II. die ersten Instruktionen zur Reorganisation der Kavallerie. Für vorteilhaft hielt er besonders die leichte Kavallerie und erhöhte deshalb die Anzahl der Husarenregimenter von einem auf acht, doch auch Kürassiere und Dragoner blieben.

Damit die Pferde geländetüchtiger wurden, schulte man sie auch im Springen. Säbel und Attacke hieß von nun an die Losung. Die Instruktionen lauteten: «Alle taktischen Manöver

sind mit größter Schnelligkeit, alle Schwenkungen in kurzem Galopp auszuführen. Die Kavallerieoffiziere müssen die Leute vor allem zu vollendeten Reitern erziehen ... Jede Eskadron, die zum Angriff vorgeht, hat den Feind mit blanker Waffe zu attackieren, und kein Kommandeur darf bei Strafe einer entehrenden Kassation seine Truppen feuern lassen ...»

Die so gedrillte preußische Kavallerie entschied unter den Generalen Seydlitz und Ziethen im Siebenjährigen Krieg bedeutende Schlachten wie die bei Hohenfriedberg, Zorndorf und Roßbach oder trug, wie bei Leuthen, «entscheidend zur Erringung des Sieges bei». – Ganz im Gegensatz zur Bedeutung, die Friedrich II. der Waffengattung Kavallerie beimaß, war sein Desinteresse an der preußischen Pferdezucht. Das Heer

bezog die Remonten (militärdiensttaugliche Jungpferde) vorwiegend aus Polen, der Ukraine, den moldauischen Gebieten und aus Ungarn. Die schweren Pferde für die Kürassiere remontierte man aber schon in Hannover und Holstein. Im späteren «Remonteland Ostpreußen» war zur Zeit Friedrichs II. wenig taugliches Pferdematerial vorhanden. Eine Musterung im Jahre 1743 erbrachte nur etwa 60 Pferde mit der notwendigen Größe von über 5 Fuß (1,5 m).

Diese für das preußische Heer unhaltbare Situation änderte erst Friedrich Wilhelm II. im Jahre 1787, als er den Oberstallmeister Graf Lindenau mit der Errichtung der Landespferdezuchten im damaligen Ost- und Westpreußen beauftragte, die sich von da ab zu ausgesprochenen Remonteprovinzen entwickelten. Im Jahre

Reitergefecht im 17. Jh.
Nach einem Kupferstich von J. A. Thelott

1791 lieferten die Züchter für das Heer 250 Pferde, im Jahre 1800 waren es schon 1472 Stück, und in der Mitte des 19. Jh. deckte Preußen seinen Heeresbedarf etwa zu $^2/_3$ aus diesen Gebieten. Ausgezeichnet verbanden sich die Interessen des Staates mit denen des Großjunkertums, die Preise stiegen im Verlaufe von 30 Jahren für Dragonerpferde um 50 Prozent, für Husarenpferde um fast 100 Prozent. Der Anteil der bäuerlichen Betriebe und der kleinen Güter an den Heereslieferungen ging zurück. Hatten die kleinen Betriebe am Anfang der 50er Jahre einen Anteil von 60 Prozent und die Großagrarier einen von 40 Prozent, so war das Verhältnis nach zehn Jahren genau umgekehrt, obwohl auch die kleinen Zuchtbetriebe auf internationalen Ausstellungen höchste Anerkennung erwarben.

Im Verlaufe dieser Entwicklung kam es in den preußischen Provinzen zu einer Spezialisierung. Hannover und Holstein lieferten die Remonten für die Artillerie und die schwere Kavallerie, Ost- und Westpreußen die für die leichte und mittlere Kavallerie. Allein Ostpreußen stellte in den 50er und 60er Jahren 2000 bis 3000 diensttaugliche Pferde jährlich zur Verfügung.

Anfang des 19. Jh. wurde in den napoleonischen Kriegen noch massenweise Kavallerie aufgeboten. Auch im Deutsch-Französischen Krieg 1870/71 hatte diese Waffengattung noch kampfentscheidende Bedeutung, obgleich seit Napoleon Bonaparte eine modern ausgerüstete und ausgebildete Infanterie wie auch Feldartillerie in dieser Beziehung eine immer größere Rolle zu spielen begann. Diese gab es als reitende Feldartillerie und als Fußartillerie. Pferde gewannen deshalb als Bespannung an Bedeutung, doch nur solche schweren Kalibers und phlegmatischen Temperaments, die auch beim Donnern der Kanonen ruhig blieben. Solche Eigenschaften besaßen Kaltblüter.

Den wichtigsten theoretischen Beitrag zur gezielten Pferdezucht leistete in dieser Zeit der französische Professor J. B. Huzard mit seinem Buch «Anweisung zur Verbesserung der Pferde», das auch im deutschen Sprachgebiet größtes Interesse fand. In Frankreich, Belgien und Süddeutschland vergrößerte man die Gestüte zur Zucht des Kaltblutpferdes bzw. richtete neue ein.

Die Kavallerie mußte den neuen Bedingungen angepaßt werden. «Der taktische Einsatz der Kavallerie wurde jedoch von ihm (Napoleon d. V.) völlig geändert. Entsprechend dem Prinzip, Divisionen und Armeekorps aus allen drei Waffengattungen zusammen aufzustellen, wurde jeder Division oder jedem Korps ein Teil der leichten Kavallerie angegliedert, doch das Gros dieser Waffe und besonders die gesamte schwere Reiterei wurden in Reserve gehalten, um in einem günstigen Augenblick einen großen entscheidenden Schlag auszuführen oder im Notfalle den Rückzug der Armee zu decken», schrieb Friedrich Engels in seinem Artikel «Kavalerie».

Diese Taktik wurde mit wechselndem Erfolg im französischen Heer angewandt und auch von den Truppenführungen anderer Länder übernommen.

In der Mitte des 19. Jh. bestanden alle Waffengattungen in Europa aus regulären Truppen. Ausbildung, aktiven Dienst und Reservedienst handhabe man jedoch in den einzelnen Staaten recht unterschiedlich. In einigen existierte irreguläre Reiterei, die für spezielle Aufgaben eingesetzt wurde, wie die Panduren für den Grenzdienst in Österreich/Ungarn.

Auch die Remontierung der Pferde erfolgte auf recht unterschiedliche Weise. – Preußen gelang es, durch Kriege und mittels friedlicher Erwerbungen das Staatsgebiet im Verlaufe von 100 Jahren zu verdreifachen, so umfaßte es im Jahre 1740 118 926 km², im Jahre 1840 346 908 km². Die staatliche Förderung der Pferdezucht zahlte sich in diesem großen Gebiet bald aus. In der

Preußische Dragoner (r.) und Karabiniers (1.) attackieren österreichische Infanterie
in der Schlacht bei Leuthen 1757

Preußischer Husar beim Aufsatteln
Nach einer Zeichnung von A. Menzel

Mitte des 19. Jh. waren für den militärischen Bedarf ausreichend Pferde vorhanden, und man konnte sogar exportieren. Das Heer bezog die Remonten aus den staatlichen Depots, kaufte sie vom Markt oder hob sie gegen Entschädigung aus.

In Großbritannien versorgte sich die Kavallerie aus dem großen Marktangebot im Inland, ihr Bedarf war dort geringer als in den anderen europäischen Ländern. Groß war aber der Verschleiß in den Kolonialkriegen der Briten. So remontierten sie für den Krimkrieg (1854–1856) viele Tausend Kap-Pferde in Südafrika. Im Burenkrieg (1899–1902) requirierten sie mehr als 30000 Basutoponys vorwiegend aus dem Gebiet des heutigen Königreiches Lesotho. Das bedeutete für viele Einheimische die Vernichtung ihrer Exi-

stenz und größte Armut des Landes bis in unsere Zeit.

Die französische Kavallerie bezog Pferde vom Inlandsmarkt, aus Nordafrika und kaufte auch in Preußen.

Rußland galt zu dieser Zeit, vor allem in seinem europäischen Teil, als ein riesiges Pferdezuchtgebiet mit einem Bestand von über 15000000 Pferden. Jeder Kommandeur eines Kavallerieregiments kaufte die Pferde für seine Truppe selbst zu dem dafür vom Staat zur Verfügung gestellten festen Betrag. Russische Militärpferde standen acht Jahre lang im Dienst, was auf eine ausgezeichnete erbliche Konstitution im Pferdebestand und auf eine sehr artgemäße Behandlung der Pferde schließen läßt. Vergleichsweise werden unsere heutigen Sportpferde für das Springen im

Reitende Artillerie gegen Ende des siebenjährigen Expansionskrieges Preußens (1756/63)
Nach einer Zeichnung von R. Knötel

Durchschnitt fünf Jahre genutzt. – Die russischen Regimenter kauften bevorzugt Pferde der gleichen Farbe. Das bot nicht nur ein schönes Schaubild bei Paraden, es erleichterte dem Kommandeur den Überblick im Gefecht und entsprach der Psyche des Pferdes, da sich in freier Wildbahn gleichfarbene Pferde bevorzugt zusammengesellen. – Chinesische Heerführer hatten das schon vor zweitausend Jahren ähnlich praktiziert. –

Die Österreicher remontierten in gleicher Weise wie die Preußen.

Seit der 2. Hälfte des 19. Jahrhunderts besteht die Kavallerie ihrer tatsächlichen Verwendung nach aus selbständigen Kavallerieverbänden (Korps, Divisionen) mit eigenständigen operativen (strategischen) Aufgaben und Kavallerieabteilungen, welche den gemischten Verbänden zur Lösung taktischer Aufgaben (darunter Sicherung und Aufklärung) zugeteilt werden (Divisionskavallerie).

Von der Mitte des 19. Jh. bis zum Anfang des 20. Jh. nimmt die Anzahl der Kavallerieregimenter in den größten europäischen Ländern mit Ausnahme Österreichs zu.

Anzahl der Regimenter

Land	Mitte 19. Jh.	Ende 19. Jh.
Frankreich	62	89
Großbritannien	26	31
Österreich	48	42
Preußen	58	93 (Deutsch. R.)
Rußland	78	100
Gesamt	272	355

Die Mannschaftsstärke je Regiment ist in den Ländern unterschiedlich, bleibt aber (Ausnahme vorübergehende Kriegsstärke) im Lande selbst während der fünf Jahrzehnte in etwa gleich, so in Großbritannien 450 Mann, in Deutschland 600 Mann.

Die zunehmende Anzahl der Kavallerieregimenter scheint im Widerspruch zu ihrer immer beschränkteren Verwendungsmöglichkeit zu stehen. Denn die schnellen Fortschritte in der materiellen Produktion führen zur ständigen Verbesserung der Schußwaffen. Das Infanteriegewehr wird als Hinterlader mit gezogenem Lauf gefertigt, ähnliche Verbesserungen gibt es bei den Geschützen. Feuergeschwindigkeit, Reichweite und Treffsicherheit dieser Waffen erhöhen sich um das Vielfache. Die neuen Infanteriegewehre haben etwa 1000 Meter Reichweite, und man kann 15 Schuß in der Minute damit abfeuern. Der alte Vorderlader schoß dagegen nur 200 Meter weit, und nur zweimal konnte man mit ihm in der Minute schießen.

Diese Entwicklung mindert die Bedeutung der Kavallerie zusehends. Die zunehmende Anzahl der Regimenter, eine starke Erhöhung der Pferdebestände ist auch bei der Feldartillerie zu verzeichnen, ist vor allem eine Folge der Erhöhung des gesamten Militärpotentials um die Jahrhundertwende, als immer stärker imperialistische Bestrebungen die Beziehungen zwischen den europäischen Staaten kennzeichnen. Die Kavallerie ist aber immer noch eine brauchbare Waffengattung im Bewegungskrieg, und der wurde angestrebt.

Kavallerie in dieser Anzahl widerspiegelt jedoch auch die Klassengegensätze jener Zeit. In der Erhaltung der berittenen Truppen (vor allem auch in der Besetzung ihrer Kommandostellen) kommen die Interessen der Junker und Großgrundbesitzer zum Ausdruck. Herrschende Ausbeuterklassen wußten Kavallerieformationen recht oft zum blutigen Gewaltmittel ihrer konterrevolutionären Zwecke zu machen, besonders in den Klassenschlachten des Proletariats. Als die russische Konterrevolution den General Kornilow im August 1917 putschen ließ, um die Monarchie in Rußland wiederherzustellen, zog dieser General das 3. Kavalleriekorps von der Front ab und setzte es auf Petersburg in Marsch.

Chevaulegers 1828–1849 (Bayern)
Nach einer Lithografie von L. Braun

Husaren 1813–1822 (Bayern)
Nach einer Lithografie von L. Braun

Reitpferdbeschirrung 1830

Fahrende, reitende und Fußartillerie 1823–1900 (Bayern)
Nach einer Lithografie von L. Braun

Zugpferdbeschirrung 1865

91

Kürassiere 1814–1827 (Bayern)
Nach einer Lithografie von L. Braun

Kaiserhusaren 1890 (Rußland)
Nach einer Lithografie von L. Vallet

Kürassiere 1890 (Frankreich)
Nach einer Lithografie von L. Vallet

Guiden des zweiten Kaiserreichs (Frankreich)
Nach einer Lithografie von L. Vallet

95

Lanzenreiter 1890 (England)
Nach einer Lithografie von L. Vallet

Dragoner 1890 (Österreich)
Nach einer Lithografie von L. Vallet

97

Offizier der leichten Kavallerie von Madras 1890 (Indien)
Nach einer Lithografie von L. Vallet

98

Offizier der Lanzenreiter von Bombay 1890 (Indien)
Nach einer Lithografie von L. Vallet

Gardekosak 1890 (Rußland)
Nach einer Lithografie von L. Vallet

100

Aber die Petersburger Arbeiter, die sich in der Roten Garde ein Instrument zur bewaffneten Verteidigung der revolutionären Errungenschaften der werktätigen Massen geschaffen hatten, wurden auch mit diesem Putsch fertig. Die Rolle eines Gewaltmittels der Konterrevolution gegen das revolutionäre Proletariat spielte auch die Garde-Kavallerie-Schützen-Division im Januar 1919 in Berlin.

Am Anfang unseres Jahrhunderts wird auch der Turniersport mit Pferden populär. Seine Träger sind die Offiziers- und Herrenklubs. Die Aufgabenstellungen für das Springreiten, die Geländeprüfungen (Military) und das Fahren richtet man nach militärischen Anforderungen aus. In dieser Art werden sie im Jahre 1912 für die ersten olympischen Reiterwettbewerbe in Stockholm übernommen. Sie sind bis zur Gegenwart Aufgaben und Regeln für einen Teil des inzwischen international einheitlichen Turniersports mit Pferden geblieben. Bezeichnend für die damalige Zeit aber war, daß alle 10 an den reiterlichen Wettbewerben in Stockholm teilnehmenden Länder nur Offiziere starten ließen.

Doch Konstrukteure entwickelten Schnellfeuergeschütze, Magazin- und Maschinengewehre sowie nach Erfindung des Verbrennungsmotors Kraftwagen, Panzer und Flugzeuge. Das machte den Einsatz von Kavallerie immer mehr zum Risiko.

Als nach Ausbruch des ersten Weltkrieges die Fronten in ständiger Bewegung waren, brachte der Einsatz von Kavallerie anfangs trotzdem noch Erfolge. In dem Maße, wie die Fronten erstarrten und der Stellungskrieg einsetzte, kosteten Kavallerieattacken jedoch zunehmend hohe Verluste. Ein Versuch der Engländer schließlich, das deutsche Grabensystem in Flandern zu überreiten, brach im Abwehrfeuer der Geschütze und Maschinengewehre völlig zusammen, Pferdekadaver bedeckten zu Tausenden das Schlachtfeld. – Jedoch als Zug- oder Tragkraft und zur Nachrichtenübermittlung (Meldereiter) waren Pferde bis zum Ende des Krieges und auch danach unentbehrlich.

Die bedeutungsvollsten und größten Reiterschlachten unseres Jahrhunderts jedoch schlugen revolutionäre Soldaten der Sowjetmacht in den Steppengebieten, in denen vor mehr als dreitausend Jahren die Reiterei entstand. Mehr noch – diese Reiterschlachten zeugten davon, daß die Kavallerie als Waffengattung der Landstreitkräfte ihre höchste Entwicklungsstufe erreicht hatte, ehe sie schon bald danach ihre aktive Rolle im bewaffneten Kampf endgültig gegen eine fast ausschließlich unterstützende einbüßen sollte.

Gegen die proletarische Revolution in Rußland formierten sich ab 1918 in vielen Gebieten des Landes konterrevolutionäre Kräfte. Diese hatten außer Sibirien den Süden des europäischen Rußlands als Aufmarschbasis gegen die junge Sowjetmacht ausersehen. S. Budjonny berichtet: «Am Don saß die größte und zweifellos auch reaktionärste aller Kosakenschaften des alten Rußlands. Die Kohlevorkommen, das Getreide- und Fleischreservoir, die verhältnismäßig geringe Entfernung zu den anderen Kosakengebieten und nach Moskau sowie die bequemen Zugänge zum Asowschen und zum Schwarzen Meer machten das Dongebiet für einen Überfall auf die Sowjetrepublik zum günstigsten Aufmarschgebiet.»

Diese Gefahr erkennend, begann der Rat der Volkskommissare bereits mit einem Aufruf vom 10. Dezember 1917, die werktätige Kosakenschaft zu organisieren, und sandte auch bolschewistische Arbeiter aus den Großstädten ins Dongebiet. Doch im Frühjahr 1918 schlossen sich mehrere weißgardistische Generale mit ihren Abteilungen zu größeren Truppeneinheiten zusammen, um in dem großen Gebiet zwischen Nordkaukasus, Wolga und Don die Organisatoren der Sowjetmacht und ihre Einrichtungen zu vernichten. Ihnen stellten sich als erste rote Par-

tisanenabteilungen entgegen. Angehöriger einer solchen Partisaneneinheit war auch der Bauernsohn Semjon Michailowitsch Budjonny. Als ehemaliger Unteroffizier der zaristischen Kaukasischen Kavalleriedivision war er dort zum Kämpfer gegen militaristische Willkür geworden. Er führte bald eine selbständige Aufklärungsgruppe, die in kurzer Zeit weltbekannt werden sollte. Ihr gehörten Ende Februar 1918 bereits 520 Mann, davon 120 Berittene, an. Bei der Befreiung von Budjonnys Heimatort, der Staniza Platowskaja, erbeutete die Gruppe ihre komplette Ausrüstung von den Weißen: 700 Gewehre, 300 Säbel, 2 Geschütze, 300 Granaten, 4 Maschinengewehre, 60 000 Patronen sowie 270 Pferde und Reitsättel. Die Reitergruppe operierte danach gemeinsam mit einer Schützenabteilung von etwa 1000 Mann.

Zwischenzeitlich gelang es jedoch dem weißgardistischen General Krasnow am Don und General Denikin im Kuban-Terek-Gebiet, berittene Kosakeneinheiten bis Korpsstärke zu formieren. Deren Zielstellung war aber nicht einheitlich. Während General Krasnow im Süden Rußlands eine unabhängige Kosakenföderation schaffen wollte, war es General Denikins Ziel, ein «einheitliches, unteilbares Rußland» im Kampf gegen die Sowjetrepublik unter Führung Koltschaks zu schaffen. Die Krasnowleute paktierten mit den Deutschen, Denikin aber mit der Entente.

Im Raum Tichorezk-Zarizyn mobilisierten die roten Revolutionskomitees mit großem Elan das werktätige Volk gegen den zu erwartenden Angriff. Die Mannschaftsstärke von Budjonnys Reiterschwadron wurde auf 400 erhöht, die oft

Preußische Dragoner attackieren Batterie des französischen Revolutionsheeres (1792)
Nach einer Zeichnung von R. Knötel

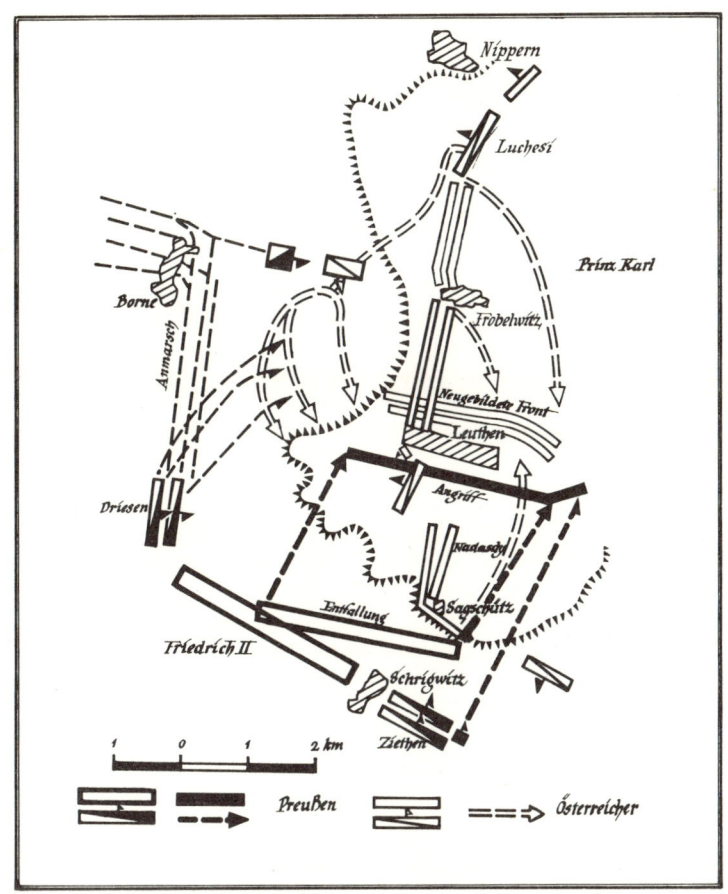

Manöver der Kavallerie in der Schlacht bei Leuthen 1757
Als die österreichische Kavallerie des rechten Flügels
die auf dem linken Flügel durch die *schräg* angreifenden
Preußen schwer bedrängte österreichische Infanterie mittels eines Angriffs
auf den anscheinend ungedeckten preußischen linken Flügel
entlasten will, wird sie dort von der *flügeldeckenden* preußischen Kavallerie
an der rechten Flanke attackiert und zurückgeworfen, was zur endgültigen Niederlage
der Österreicher führte
Zeichnung von H. Jürgens

ungeübten Kämpfer bildete man sofort im Schießen und Säbelfechten aus. Von den ersten Gefechten wird jedoch berichtet, daß während der Attacke manche Reiter den Säbel unter den Arm klemmten, dann im Reiten mit dem Gewehr auf den Gegner schossen, um schließlich wieder zu dessen Einschüchterung mit dem Säbel zu fuchteln. Das Säbelfechten blieb deshalb der Ausbildungsschwerpunkt für die Reiterei, und in vielen kleinen Überfällen auf den Gegner erwarben sich die Reiter die notwendige Kampferfahrung.

Preußische Ulanen sichern Rückzug der Napoleonischen Invasionsarmee bei Moskau 1812
Nach einer Zeichnung von R. Knötel

Gefecht zwischen preußischen Husaren und französischen Lanzenreitern in der Schlacht bei Leipzig 18./19. Oktober 1813
Nach einer Zeichnung von R. Knötel

Von Woroschilow werden bei Zarizyn im Sommer 1918 die roten Partisanenverbände zu regulären militärischen Einheiten formiert, und die Reiterei wird zu einem Regiment vereinigt. Das bewährt sich so gut im Kampf, daß es bereits im August zu einer Kavalleriebrigade erweitert wird, der vier Batterien Artillerie angehören. Entscheidende Erfolge der Kavalleriebrigade bei der Abwehr des Gegners vor Zarizyn führen bei einigen roten Kommandeuren schon jetzt zu der Erkenntnis, daß den Weißgardisten die Initiative nur entrissen werden kann, wenn ihrer zahlenmäßig weit überlegenen Reiterei gleich starke berittene Truppen der Roten Armee entgegengestellt werden können. Bislang operierte die Kavalleriebrigade als Truppenkavallerie der 1. Donschützendivision. Budjonnys Vorschlag zur Schaffung einer Reiterarmee, von ihm persönlich dem Volkskommissar für Heer und Marine, Trotzki, vorgetragen, wird von diesem mit den Worten abgelehnt: «... Sie verstehen die Natur der Kavallerie nicht. Sie ist eine aristokratische Waffengattung, die Fürsten, Grafen und Barone befehligten. Es würde zu nichts führen, wenn wir unseren Bastschuh in den Steigbügel steckten.» Diese Ansicht nützt ausschließlich Denikin, denn nur wer in diesem Bewegungskrieg in den unendlichen südrussischen Weiten über mobile Truppen verfügt, kann erfolgreich operieren. Die weißgardistischen Truppen bestehen zu dieser Zeit hauptsächlich aus solchen berittenen Einheiten, sie sind schnell zu verlegen und können immer die schwächste Stelle des Gegners konzentriert angreifen.

Dem ständigen Drängen Budjonnys folgend, beschließt aber dann doch der Revolutionäre Kriegsrat der 10. Armee am 28.11.1918 in Zarizyn, die erste rote Kavalleriedivision zu schaffen. Budjonny wird ihr Stabschef, übernimmt auch bald das Kommando. Die Division besteht aus zwei Brigaden mit je zwei Regimentern, ein solches jeweils aus fünf Schwadronen. Die Schwadron wird von vier Zügen mit je fünfzig Reitern gebildet, jeder Zug besitzt einen Maschinengewehrwagen (Tatschanka). Der Reiterdivision wird auch Artillerie unterstellt, jedes Regiment bekommt eine Batterie mit vier Geschützen.

Budjonnys Reiterdivision bestand ihre große Bewährungsprobe im Februar 1919, als sie die gegnerische Front bei Zarizyn vom Norden her durchbrach, in ständigen Kämpfen im Hinterland des Gegners 10 Infanterie- und 13 Kavallerieregimenter vernichtete, 15000 Soldaten und Offiziere gefangennahm, 72 Geschütze und Hunderte von Maschinengewehren erbeutete, dabei etwa 400 km zurücklegte und so den entscheidenden Beitrag zur Entlastung Zarizyns und zur Vernichtung der Armee Krasnows leistete.

Die roten Kavalleristen gehörten bald zu den bestausgerüsteten Soldaten der Roten Armee, denn sie versorgten sich gebührend mit Beutewaffen.

Im Frühjahr 1919 stößt die von der Entente ausgerüstete Armee Denikins vom Kaukasus aus in drei Säulen nach Norden vor. Ziel der linken Säule sind Krim und Ukraine, Ziel der mittleren der Donbass, während sich die rechte Säule gegen Zarizyn richtete.

In einer Lage, in der die Führung der 10. Armee versagt und Zarizyn fast ohne Widerstand aufgibt, ergreift Budjonnys Kavallerie die Initiative, bringt die nach Norden und Osten zurückflutenden eigenen Truppen zum Stehen und stoppt mit ihnen gemeinsam den Vormarsch des Gegners. – Denikin aber, ermuntert durch die fast kampflose Einnahme der wichtigsten Stadt an der Südostfront, gibt den Befehl zum Marsch auf Moskau. Als erste militärische Maßnahme vereinigen die weißen Generale in diesem Abschnitt ihre Kavalleriekorps, um die rote Reiterei zu vernichten.

Budjonny trifft gegen den überlegenen Feind sofort Angriffsvorbereitungen, dringt in sein Hinterland vor, und den roten Reitern gelingt es,

starke weiße Kavallerieverbände und Troßkolonnen, die sich ungedeckt auf dem Marsch befinden, zu vernichten und die Front spürbar zu entlasten.

Trotz dieser Erfolge, errungen hauptsächlich von Kavallerie, dringt der Gegner ständig weiter nach Norden vor, an ihrer Spitze im mittleren Abschnitt die Reiterdivisionen des Weißgardisten Mamontow. Aufgabe Budjonnys ist es, diesen Truppen den Weg zu verlegen und sie zu vernichten. Alle Kräfte werden jetzt aufgeboten, um die rote Kavallerie zu verstärken. «Es gilt, die Energie der Parteiorganisationen bei der militärischen Verteidigung Sowjetrußlands zu verdoppeln, zu verdreifachen, zu verzehnfachen. Denikins Angriff vom Süden beginnt die Lebensadern der Sowjetrepublik ebenso zu bedrohen ..., wie es die Banden Koltschaks taten ... Helft Kavallerieeinheiten aufzustellen, sammelt alle kommu

nistischen Kavalleristen, bildet aus ihnen Zellen für die sowjetische Kavallerie!», heißt es im Zirkularbrief des Zentralkomitees der KPR(B) vom 20.9.1919. Beim Marsch auf Woronesh stoßen Tausende Freiwillige zu Budjonnys Reiterei, die inzwischen Korpsstärke hat. Das Kavalleriekorps war der höchste taktische Verband der Kavallerie der Roten Arbeiter-und-Bauern-Armee. Es bestand aus zwei bis drei Kavalleriedivisionen mit jeweils zwei bis drei Brigaden zu je zwei Regimentern. Sein Soll-Bestand belief sich auf 7633 Mann, 8500 Pferde und 16 Geschütze. Dennoch – aufgenommen werden in Budjonnys Reiterei kann nur der, welcher Pferd, Sattel, Säbel und eine gehörige Portion Mut besitzt.

Bei den folgenden Kämpfen um Woronesh und den wichtigen Eisenbahnknotenpunkt Kastornoje steht sich Kavallerie in Korpsstärke gegenüber. Doch in pausenlosen Attacken, in gutem Zusam

Französische Kürassiere gegen preußische Dragoner im Reitergefecht bei La Chaussée am 3. Februar 1814
Nach einer Zeichnung von R. Knötel

menwirken mit der eigenen Artillerie und den Maschinengewehrtrupps gelingt es den roten Kavalleristen, am 24.10. Woronesh und am 15.11. Kastornoje zu erobern und der von den Generalen Mamontow und Schkuro geführten Elitereiterei der Weißen hohe Verluste zuzufügen. Das führt zur Auflösung der Denikinfront, und die konterrevolutionären Truppen beginnen sich massenweise nach Süden zurückzuziehen.

Die Rote Armee muß nun versuchen, die zurückflutenden Denikintruppen zu spalten und einen Keil auf Rostow vorzutreiben. Diese Aufgabe kann nur Kavallerie lösen, und deshalb beschließt der Revolutionäre Kriegsrat der Südfront Ende November 1919, die 1.Reiterarmee zu bilden, als einen operativ-strategischen Verband, dessen Hauptaufgabe die Vernichtung Denikins ist.

Das erste wahrhaft heroische Kampfziel der jungen Reiterarmee ist der Vorstoß auf Taganrog; das bedeutet, etwa 500 km schnellstens kämpfend zurücklegen zu müssen. – Denikin versucht noch einmal, am Donez mit drei Kavalleriekorps, zwei auserwählten Infanteriedivisionen und fünf Panzerzügen die in vielen Kämpfen erschöpfte 1.Reiterarmee aufzuhalten und zu zerschlagen. Doch in einem sechstägigen Kampf erzwingen Budjonnys Reiter bei grimmiger Kälte und Schneetreiben den Flußübergang, schlagen auch diese denikinschen Truppen, töten etwa 3000 Weißgardisten und nehmen 5000 gefangen. Fünf Panzerzüge, 24 Geschütze und 1500 gesattelte Pferde sind die Beute.

Bei den Kämpfen bewährte sich die Taktik des Zusammenwirkens von Kavallerie- und Schützendivisionen außerordentlich. Während letztere den Gegner im Zentrum der Front angriffen und seine Hauptkräfte fesselten, attackierte die Kaval-

Österreichische Kürassiere gegen preußische Ulanen im preußisch-österreichischen Krieg 1866
Nach einer Zeichnung von R. Knötel

lerie die Flanken und den Rücken des Gegners. «Der Sieg im Donbass hatte ungeheure politische, wirtschaftliche und operativ-strategische Bedeutung. Die Sowjetrepublik gewann den proletarischen Donbass ... Für die Reiterarmee ... eröffnete sich der kürzeste Weg für den Sturm auf Rostow und Taganrog», erinnerte sich S. Budjonny.

Schon am 10. Januar 1920 wird Rostow befreit, und 10000 Weißgardisten gehen in Gefangenschaft. Damit hat die 1. Reiterarmee befehlsgemäß die Spaltung der Denikinfront vollendet, nun

steht die Aufgabe bevor, die im Nordkaukasus neu formierten denikinschen Truppen endgültig zu vernichten. Doch fehlerhafte Entscheidungen, getroffen von der Führung der sowjetischen Kaukasusfront, führen die 1. Reiterarmee Ende Januar 1920 beinahe ins Verderben. Budjonnys sofortige Beschwerden, direkt an Lenin und an den Obersten Befehlshaber gerichtet, haben Erfolg. In der Führung der Kaukasusfront werden Ablösungen und Umbesetzungen vorgenommen, und die Kavallerie wird angewiesen, wieder in für sie geeigneten Gebieten zu operieren.

Preußische Dragoner bei der Verfolgung in der Schlacht bei Paris am 30. März 1814
Nach einer Zeichnung von R. Knötel

Stellungswechsel. Vor dem Zusammenbruch der deutschen Offensive
an der Westfront März/April 1918

Österreichische Jäger zu Pferde auf dem Marsch
Juni 1915 an der Ostfront

Attackierende deutsche Ulanen
Juli 1915 an der Ostfront

Deutsche Kavallerie auf dem Rückzug
Juli 1918 an der Westfront

Die 1. Reiterarmee vor der Gegenoffensive gegen die Interventionstruppen des bürgerlich-gutsherrschaftlichen Polens
Ende Mai 1920

Fla-MG der Truppenluftabwehr der 1. Reiterarmee
November 1920

113

Sowjetische Gardekosaken an der Elbe
Ende April 1945

114

Sowjetische Gebirgsartillerie in den Karpaten
August 1944

115

Sowjetische Artillerie verlegt Feuerstellung
Sommer 1943

Dann kommt der letzte große Schlag gegen Denikins Truppen, die im Vorkaukasusgebiet mit einem Anteil von 25 000 Kavalleristen etwa 60 000 Mann stark sind.

In der Reiterschlacht bei Torgowaja werden am 18. 2. von der 1. Reiterarmee im stellenweise meterhohen Schnee und bei Temperaturen um 27 Grad Celsius unter Null fast die Hälfte der vom Gegner aufgebotenen 24 Kavallerieregimenter vernichtet.

Am 1. März beginnt bei Jegorlykskaja die letzte große Schlacht der Kavallerie im russischen Bürgerkrieg. Auf weißgardistischer Seite kämpfen etwa 25 000 Reiter und 3000 Schützen, auf seiten der Roten Armee über 15 000 Reiter und eine Schützendivision. Von Anfang an versucht die Kavallerie beider Seiten, in die Flanken und in den Rücken des Gegners zu gelangen, was auch mit wechselndem Erfolg glückt. Fast zwei Tage lang tobt der Kampf. «Die ganze Front entlang rollte der Donner der Artillerie, prasselte Gewehr- und Maschinengewehrfeuer, blitzten Tausende von Klingen, donnerte vielstimmiges Hurra, flatterten Dutzende Fahnen und Hunderte bunte Schwadronsständer.» Aber schon in der Nacht lösen sich Einheiten der Weißgardisten zu panischer Flucht auf. Die roten Reiter haben gesiegt! Ihre nächsten Stationen sind Krasnodar und Maikop, um auch die dorthin geflohenen konterrevolutionären Einheiten zu zerschlagen. Diese Aufgabe wird im Zusammenwirken mit den inzwischen nachgerückten Schützendivisionen der anderen Armeen erfüllt.

Im Frühjahr des Jahres 1920 verfügte die 1. Reiterarmee über 16 000 Berittene, 60 Geschütze, 452 Maschinengewehre, 5 Panzerzüge, 36 Panzerautos und auf besondere Empfehlung Lenins auch über eine Flugzeugstaffel. Zeitweilig unterstanden dem Kommando der Reiterarmee je nach Gefechtslage ein oder zwei Schützendivisionen. Selbst der Führer der weißen Armeen, Denikin, mußte die Leistung der Budjonnyreiter

anerkennen: «Die einzige Bedrohung und entscheidende Kraft im Süden Rußlands war die 1. Reiterarmee. Sie und nur sie beunruhigte mich.»

Im April 1920 fallen polnische Truppen in die Ukraine ein. Es gelingt ihnen, bis über Kiew hinaus nach Osten vorzudringen. Vom Kaukasus kommend, eilt ihnen auf einem 1000-Kilometer-Marsch die 1. Reiterarmee entgegen. Als mächtige operative Stoßgruppierung erfüllt sie mit den ihr zugeteilten Schützenverbänden diesmal eine Aufgabe, die der Kavallerie in den bisherigen Operationen des Bürgerkrieges noch nicht gestellt worden war: Sie soll die vom Gegner vorbereitete Verteidigung durchbrechen und den taktischen Durchbruch zu einem operativen in große Tiefe erweitern. Sie ist dazu ausersehen, den Hauptstoß zu führen, und zwar an der Naht zwischen der polnischen 2. und 6. Armee in Richtung Shitomir, um außerdem die polnische 3. Armee von ihren rückwärtigen Verbindungen abzuschneiden. Ende Mai beginnt der Gegenangriff der roten Armeen, und Mitte August stehen ihre Soldaten an der Weichsel. – Der polnische Marschall Piłsudski schreibt in seinem Buch «1920»: «Die neue Waffe, als die sich für unsere unvorbereiteten Truppen Budjonnys Reiterei erwies, wurde zu einer legendären unbesiegbaren Kraft . . .»

Doch auch nach diesem Erfolg gibt es für die Soldaten der 1. Reiterarmee keine Ruhe. Im Herbst 1920 erzwingen sie die Entscheidung gegen die Weißgardisten unter General Wrangel. Dann reinigen sie in den folgenden zwei Jahren die Ukraine, den Nordkaukasus und die Gebiete von dort bis Buchara von Banditen und tragen so zur Beendigung des Bürgerkrieges und der ausländischen Invasion bei.

Die unerschöpfliche Kraft der 1. Reiterarmee, für die Denikin und Piłsudski keine Erklärung finden konnten, war in ihrer sozialen Zusammensetzung und in ihrer Zielstellung begründet: 62 Prozent der Soldaten waren Bauern, 20 Pro-

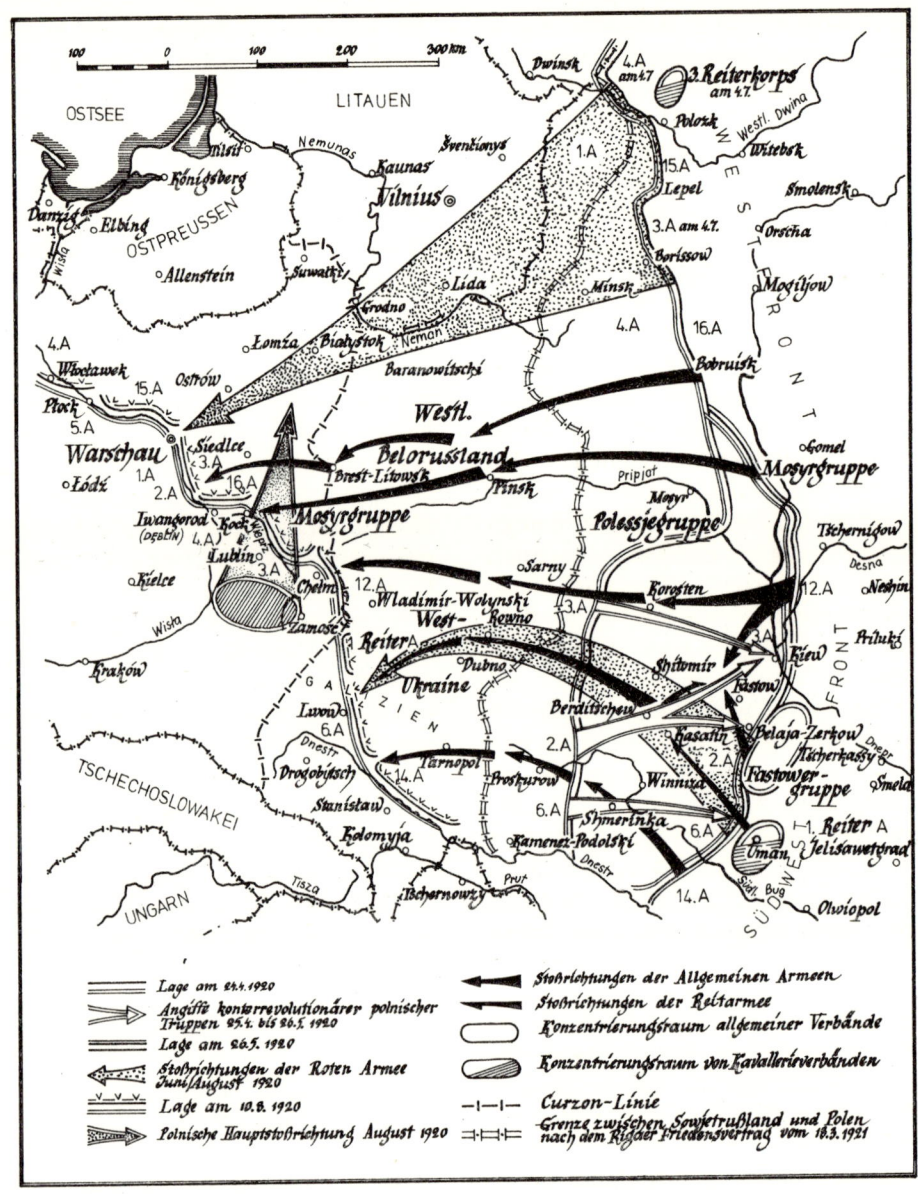

Operativ-strategischer Stoß der 1. Reiterarmee an der linken Flanke der sowjetischen Front
bei der Vertreibung der polnischen Interventen aus der Ukraine und Belorußland April–August 1920
Zeichnung von H. Jürgens

zent Arbeiter, 14 Prozent arme Kosaken, 4 Prozent Intellektuelle. Sie kämpften, geführt von der Partei der Bolschewiki, gegen einen militärischen Gegner, der als ihr Klassenfeind die Interessen der Großgrundbesitzer und Kapitalisten vertrat. Und sie kamen als Befreier der werktätigen Bevölkerung, halfen ihr und wurden unterstützt, während die Weißgardisten und Pans als Strafkompanien und Banden erschienen.

Die 1. Reiterarmee remontierte die Pferde aus bodenständigen Rassen, vor allem aus dem Don- und aus dem Kubangebiet. Hier waren um die Jahrhundertwende mehr als eine halbe Million Pferde vorhanden gewesen. Die Härte dieser Pferde ließ sie alle Strapazen überstehen. – Auf Veranlassung von Marschall Budjonny wurde später durch Kreuzung bester Donpferdstuten mit englischen Vollbluthengsten eine noch schnellere Pferderasse geschaffen: das Budjonnypferd. Ein Spitzenhengst dieser Rasse lief unter dem Reiter 309 km in 24 Stunden und 1800 km in 15 Tagen. –

Auch nach dem ersten Weltkrieg gab es in vielen Heeren noch Kavallerie. So im deutschen Heer Dragoner, Jäger zu Pferde usw., die ab Mitte der dreißiger Jahre die einheitliche Bezeichnung Reiterei erhielten. In Großbritannien wurden die zwei im Stammland stationierten Kavalleriebrigaden mit Panzerkräften koordiniert. Die Verflechtung der Kavallerie mit motorisierten Waffengattungen ist auch in anderen europäischen Heeren für die Zeit bis zum zweiten Weltkrieg kennzeichnend. So stellten die Italiener ihre «Schnelle Division» aus einer Kavalleriebrigade, einem Radfahrregiment und motorisierten Begleitwaffen zusammen. In Frankreich wurden den Reiterregimentern motorisierte Infanterieverbände beigegeben. In Deutschland stellte man ein Reiterregiment aus vier Schwadronen (je Schwadron drei Reiterzüge und ein lMG-Zug), einem sMG-Zug und einem Nachrichtenzug zusammen. Der Kavalleriedivision wurden

als Hilfswaffen motorisierte Pioniere, reitende Artillerie und Panzer unterstellt. Die polnische Armee verfügte bis zum zweiten Weltkrieg über eine zahlenmäßig starke «reine» Kavallerie. Auch die Führung der Roten Armee maß auf Grund der im Bürgerkrieg gesammelten Erfahrungen starken Kavallerieverbänden, die hauptsächlich im Grenzdienst Verwendung fanden, Bedeutung bei.

Doch bereits während der ersten Wochen des zweiten Weltkrieges bestätigte sich, daß Reiterei den in Front vorstoßenden motorisierten und gepanzerten Einheiten sowie der Luftwaffe in keiner Weise gewachsen war. Nur wenn sich gegnerische Kräfte wie Infanterie und Artillerie zersplitterten, konnte Kavallerie gegen sie erfolgreich wirksam werden. Deshalb begrenzte man den Einsatz der Pferde auf Tragtiere bei den Gebirgstruppen und als Zugkraft für Gespanndienste (Artillerie, Bagage, Sanitätstruppen) sowie auch auf Meldereiter. Davon gab es nur wenige Ausnahmen.

So hatte während der großen Abwehrschlacht vor Moskau die sowjetische Armeeführung im hervorragenden Zusammenwirken mit anderen Waffengattungen auch starke Kavallerieverbände eingesetzt, die teilweise entscheidend zur Schwächung des Gegners beitrugen. Ganz anders aber endeten die Attacken der englischen Kavallerie gegen japanische Stellungen in Burma und die der amerikanischen Kavallerie gegen die Japaner auf den Philippinen. Die Reiterregimenter verbluteten sinnlos im Feuer der modernen japanischen Waffen.

Noch einmal bewährten sich Don- und Budjonnypferde im zweiten Weltkrieg in der Roten Armee. Heutzutage sind sie die gesuchtesten Sportpferde für Geländeprüfungen.

Auch mit einer anderen Pferderasse wurde in jüngster Zeit Geschichte gemacht. Das waren die kleinen, harten Huzulenpferde, hauptsächlich in den Ostkarpaten beheimatet. Schon vor dem zweiten Weltkrieg hatte die tschechoslowakische Heeresführung den Wert der kleinen Pferde erkannt und mehrere große Gestüte in der Ostslowakei geschaffen. Bei Leistungsprüfungen in der Hohen und Niederen Tatra hatten sie unter dem Reiter – die Pferde waren durchschnittlich 130 cm/Stockmaß groß und unbeschlagen – 150 km in 15,5 Stunden zurückgelegt und außerdem 110 kg tote Last auf 15 km Hochgebirgsstrecke in 3,5 Stunden befördert.

Der zweite Weltkrieg brachte für die Huzulenpferde die härteste Belastungsprobe. In den Beskiden leisteten sie polnischen Partisanenabteilungen als Reit- und Tragtiere unschätzbare Dienste. Auch die Rote Armee und die an ihrer Seite kämpfende Tschechoslowakische Brigade setzten sie im Winter 1944/45 in den Karpaten als Zug- und Tragpferde ein, als die Gebiete der Ostslowakei dem Gegner in schweren Kämpfen entrissen wurden. Über kaum passierbare, tiefverschneite Gebirgspfade, durch morastige, von Bomben und Granaten zerwühlte Schluchten schafften Soldaten mit den Huzulen einen Teil des Nachschubes für die kämpfenden Truppen heran, so daß der Feind fast ununterbrochen angegriffen werden konnte. In Kriegsberichten von Truppenkommandeuren erfuhren die kleinen Pferde die gebührende Würdigung.

Sie verdienten es, wegen ihres Nutzens zur Befreiung der Heimat erhalten zu werden, selbst wenn sie heute keine andere Funktion mehr hätten!

Um die Erhaltung dieser Pferderasse braucht sich aber niemand zu sorgen. Huzulen sind in unserer Zeit gesuchte Freizeitpferde für Sport und Touristik, und ihre planmäßige Zucht liegt ebenso wie die vieler anderer ehemals für Militärdienste verwendeter Pferderassen in sachkundigen und liebevollen Händen. Deutlich demonstriert sich der Funktionswandel des Pferdes in unserem Jahrhundert: Vier Jahrtausende lang Transportkraft im Militärwesen und in der Wirtschaft, wird es jetzt zum «biologischen Sportgerät», zum Freizeitgefährten von Millionen Pferdesportlern.

In geringer Anzahl leisten Pferde allerdings auch noch heute in Hochgebirgs- und Grenztruppen Dienst. Die Begründungen für diesen Einsatz sind sehr differenziert, doch werden auch hier in absehbarer Zeit technische Kontrollsysteme und Maschinen Pferde mehr und mehr überflüssig machen.

7. November 1967 auf dem Roten Platz
Ewig junger Ruhm der Kavallerie des Roten Oktober

121

LITERATURAUSWAHL

Albaum/Brentjes: Herren der Steppe. VEB Deutscher Verlag der Wissenschaften, Berlin 1976.

Brentjes, B.: Die Erfindung des Haustieres. Urania-Verlag, Leipzig 1975.
Die orientalische Welt. VEB Deutscher Verlag der Wissenschaften, Berlin 1970; Von Schanidar bis Akkad. Urania-Verlag, Leipzig 1972.

Delbrück, H.: Geschichte der Kriegskunst im Rahmen der politischen Geschichte. Bände I bis III, Berlin 1904.

Diesner, H.-J.: Kriege des Altertums. Militärverlag der Deutschen Demokratischen Republik, Berlin 1971.

Engels, F.: Armee, Artillerie, Infanterie, Kavallerie. In: MEW, Bd. 14, Dietz Verlag, Berlin 1974.

Flade, J./Gleß, Kh.: Kleinpferde. VEB Deutscher Landwirtschaftsverlag, Berlin 1976.

Haenisch, E.: Die geheime Geschichte der Mongolen. Leipzig 1948.

Hančar, F.: Das Pferd in prähistorischer und früher historischer Zeit. Verlag Herold Wien, Wien 1955.

Hartenstein, E.: Mit dem Pferd durch die Jahrtausende. Verlag Neues Leben, Berlin 1957.

Klengel, E. u. H.: Die Hethiter und ihre Nachbarn. Verlag Koehler und Amelang, Leipzig 1975.

Krämer, W.: Wunder der Welt. Urania-Verlag, Leipzig 1971.

Legg, St.: The Heartland. Secker und Warburg Ltd., London 1970.

Lenz, H.: Mit dem Pferd durch die Zeiten. VEB Deutscher Landwirtschaftsverlag, Berlin 1973.

Mierau, F.: Beiträge zur Biographie, Werk- und Editionsgeschichte «Reiterarmee» von Isaak Babel, Reclam, Leipzig 1975.

Petzold, H.-G.: Erhaltung des Urwildpferdes – eine Pioniertat Zoologischer Gärten. In: «Urania» 10/1974.

Rudolph, W.: Olympische Spiele der Antike. Urania-Verlag, Leipzig 1975.

Schiele, E.: Arabische Pferde, Allahs liebste Kinder. BLV München-Bern-Wien 1972.

Mohr, E.: Das Urwildpferd. A. Ziemsen-Verlag, Wittenberg-Lutherstadt 1970.

Weimann, A.: Andere Länder – andere Reiter. Neumann Verlag, Radebeul, 1974.

Xenophon: Reitkunst. Akademie-Verlag, Berlin 1965.

Die Vignette zeigt einen französischen Karabinier
zu Anfang des 18. Jh.

SACHWORTREGISTER

Die Vignette zeigt eine Geschützbespannung
gegen Mitte des 18. Jh.

Bildnachweis

Staatliche Museen zu Berlin (9); Museum für Deutsche Geschichte (3);
Ermitage, Leningrad (1); Louvre, Paris (1); Prado, Madrid (1);
Zentralbild (9); Bildarchiv des Militärverlages der DDR (18)
H. Bergschicker (1); G. Pommeranz-Liedtke (1); H. Jürgens (23)

Aus folgenden Büchern wurde an Abb. reproduziert:
L. Vallet, Croquis de cavalerie, Paris 1893 (8);
L. Braun/K. Müller, Die Organisation, Bekleidung, Ausrüstung
und Bewaffnung der Königlich Bayrischen Armee von 1806 bis 1906,
München o. J. (6); G. v. Pelet-Narbonne, Geschichte der
Brandenburg-Preußischen Reiterei, Berlin 1905 (11);
K. Lehmann-Hartleben, Die Trajanssäule, Berlin und Leipzig 1926 (2)

Folgende Verlage stellten fotografische Vorlagen zur Verfügung:
VEB E. A. Seemann Buch- und Kunstverlag; Edition Leipzig;
VEB Deutscher Verlag der Wissenschaften; Insel-Verlag

Gleß, Karlheinz
Das Pferd im Militärwesen / von Karlheinz Gleß
3. Aufl. – Berlin: Militärverlag der DDR, 1989. – 124 S.: 88 Abb., 6 Ktn.

ISBN 3-327-00694-6

3. Auflage, Berlin 1989
©Militärverlag der Deutschen Demokratischen Republik (VEB) – Berlin 1980
Lizenz-Nr. 5
Printed in the German Democratic Republic
Gesamtherstellung: Grafische Werke Zwickau III/29/1
Lektor: Erika Rathmann
Gesamtgestaltung: Wolfgang Ritter
Karten und Zeichnungen: Harry Jürgens
Fotografen: Karin Gebauer, Gerd Platow, Rudolf Streidt
Redaktionsschluß: 15. Dezember 1987
LSV: 0549
Bestellnummer: 746 154 1
01700